体验经济下

THEORY AND CASES OF
RURAL REVITALIZATION UNDER
EXPERIENCE ECONOMY

乡村振兴

理论与案例

朱建良　徐　睿　等——编著

经济管理出版社
ECONOMY & MANAGEMENT PUBLISHING HOUSE

图书在版编目（CIP）数据

体验经济下乡村振兴理论与案例/朱建良等编著 . —北京：经济管理出版社，2022.4
ISBN 978-7-5096-8385-9

Ⅰ.①体…　Ⅱ.①朱…　Ⅲ.①农村—社会主义建设—研究—中国　Ⅳ.①F320.3

中国版本图书馆 CIP 数据核字（2022）第 061757 号

组稿编辑：杨　雪
责任编辑：王　慧
责任印制：张馨予
责任校对：张晓燕

出版发行：经济管理出版社
　　　　　（北京市海淀区北蜂窝 8 号中雅大厦 A 座 11 层　100038）
网　　址：www.E-mp.com.cn
电　　话：（010）51915602
印　　刷：北京晨旭印刷厂
经　　销：新华书店
开　　本：720mm×1000mm/16
印　　张：11
字　　数：135 千字
版　　次：2022 年 5 月第 1 版　　2022 年 5 月第 1 次印刷
书　　号：ISBN 978-7-5096-8385-9
定　　价：68.00 元

序

　　什么是体验经济？用95%的"感受型表达"来推荐5%的"功能型使用"。这个定义的描述似乎过于夸张，但现实中却不乏这样的真实案例。以最常用的智能手机为例，厂家给消费者设计的功能有多少是我们日常使用的？超过5%吗？那么其余的95%都是没用的吗？当然不是。体验经济作为针对"商品、货币、服务"升级的第四代经济形式，与人们从物质需求向精神需求升级的路径是一致的。

　　怎样才能真正了解、参与并践行体验经济？本书也仅仅是把我自己工作实践中的一些案例和多年来的理论学习进行了一些梳理。2014年是浙江特色小镇建设的起始之年，我在参与梦想小镇研讨会议时，深感场景体验是一个重要的课题，受这一点感悟的启发，我在工作中尤其注重建设中的场景打造。后来，我将工作中的实践与感悟集结出版了《场景革命》一书，这也算是我对体验经济认识的萌芽。2016年，G20峰会在杭州召开，数字经济的热潮开始涌动，我把自己对互联网领域数字经济的一点心得体会和园区建设工作相结合，出版了《数字经济》一书，这算是我在体验经济领域的一次认识升级。近几年，随着工作逐步转向美丽乡村和产业园区的运营，在接触了大量国内外的真实案例后，我再次有了对体验经济做一点自我总结和分享的冲动，于是有了这本书。我本希望能够将游戏化思维与现实的工程建设结合起来并融入这本书中，但由于实践的项目还不够成熟，案例的数量也不够充分，因此也就先作罢了。

乡村振兴是一个大课题，随着城市化进程的加速，越来越多的乡村需要重新定位，尤其是处于城市周边或旅游风景区的乡村，需要从原先的功能型乡村形态转化成体验型乡村形态。为了能够尽可能多地参与乡村振兴的实践，我把工作重心从全面参与运营转向只打造核心区域的"体验引爆点"，因为体验经济需要在一定的时间、空间和场景中才能发挥最佳效用。同时，对目标受众的精准分析和准确定位才是体验经济在乡村振兴实践中应用的关键。况且，乡村振兴的实际案例并不像互联网游戏那么容易升级，受特定的区位和资源限制，原本具有优势的做法也可能不再受欢迎。本书中的很多案例可能也会在时间流逝中黯然褪色。

在这里，我还要提到我的合作伙伴徐睿，她在这本书的资料收集、撰写和编辑中付出良多，在游戏化创新体验感的理论和实操上能力突出。我们一起参与了特色小镇、景中村、产业园区等诸多案例。下一阶段，在美丽乡村游戏化改造方面我们会继续探索与实践，希望能给大家贡献更多有深度的现实案例。

守中

2021 年 9 月于杭州白塔

目　录

第一章

体验经济的概念

第一节　体验经济的提出

20世纪70年代，美国学者阿尔文·托夫勒（Alvin Toffler）在《未来的冲击》一书中提出了"服务业最终会超过制造业，体验生产又会超过服务业"的观点。他同时预言：农业经济、工业经济、服务经济的下一步是体验经济。但这个理论当时并未得到广泛关注。

1998年，美国麻省理工学院学者、《哈佛商业评论》撰稿人约瑟夫·派恩（B. Joseph Pine II）和西方另一位学者詹姆斯·吉尔摩（James H. Gilmore）在《哈佛商业评论》期刊上撰文《欢迎进入体验经济》，文章指出，经济价值演变过程可分为四个阶段：商品、货币、服务和体验。随着服务像以前的货币一样越来越商品化，体验逐渐成为所谓的经济价值的下一步……欢迎来到体验经济时代。

1999年4月，约瑟夫·派恩和詹姆斯·吉尔摩合著的《体验经济》出版，书中用轻松活泼、通俗易懂的语言，一方面勾画出20世纪西方发达国家（尤其是美国）的商业实践与工商管理理论内涵的演变与发展趋势；另一方面又不无洞察力地指出体验经济的内涵与深远意义，并附上大量的事例予以解读。《体验经济》一书的作者这样描述体验经济的理想特征：在这里，消费是一个过程，消费者是这一过程中的"产品"，因为当过程结束的时候，记忆将长久地保存对过程的"体验"。消费者愿意为这类体验付费，因为它美好、难得、非我莫属、不可复制、不可转让、转瞬即逝，它的每一瞬间都是"唯一"的。同时，《体验经济》中写到："体验是第四种经济提供物，它从服务中分离出来，就像服务从商品中分离出来那样，但是体验是一种迄今为止尚未得到广泛认识的经济提供物。体验自始至终地环绕着我们，而顾客、商人和经济学家把它们归并到服务业，与干洗服务、汽车修理、批发分销和电话接入混在一起。"人类经济史被划分为四个阶段：从物品经济（未加工）时代到商品经济时代，再到服务经济时代，随后人类就将进入体验经济时代。这是第一次关于体验经济的系统阐述。此后，体验经济这一概念得到了学术界的广泛关注。

第二节　体验经济的含义

一、"体验"的经济学含义

英文中的"experience"作为名词译成中文的话，一般会翻译成为"经验""体验""经历""阅历""感受""体会"。在词典中，"经验"是指主体从多次实践中得到的知识或技能；"体验"是指主体在实践过程中的亲身经历或者亲身感受；"阅历"是指主体经历过和见识过的生活轨迹；"体会"一般是主体对某种事件或事物的认识。从"体验"的语义上分析，最恰当的含义是能使人产生深刻感受的活动（经历），这种活动通常是亲历的、当下的，通过这种亲历的互动实践，获取某种心理感受或认知①。

派恩与吉尔摩在《体验经济》一书中谈道：企业有意识地以服务为舞台，以商品为道具，并使消费者融于其中，新的经济产出——体验就出现了。"农产品是可加工的，商品是实体的，服务是无形的，而体验是难忘的"。"体验事实上是当一个人达到情绪、体力、智力甚至是精神的某一特定水平时，他意识中所产生的美好感觉"。他们举例说，"体验舞台的供给者的工作在表演的瞬间消失了"，不像产品那样会以有形的方式存在，"但这种体验的价值会在欣赏者的记忆中留下深刻印象"。"大多数父母带着他们的孩子到迪士尼世界，不是为了这一事件本身，而是为了使家庭成员共同分享令人难忘的经历，这种经历成为其家庭日常交流的一个组成部分。尽管这种经历并不能触摸得到，但人们仍然珍视它，因为它的价值就在他们心中，并且经久不衰"。

《体验经济》中，体验包括四个基本类型：娱乐（Entertainment）、教育（Education）、遁世（Escape）和审美（Estheticism）。它们互相兼容，形成独特的个人体验。人感觉最丰富的体验，常包含四个方面，即四种体验交叉的"甜蜜地带"（Sweet Spot）（见图1-1）。

二、"体验"的基本特征

（一）体验是"个性化"的体现

体验是个人的，由于每个人的经历、背景不同，在相同的体验环境中，个人的感受也会不同。所以，体验是一个人心智状态与事件共同作用的结果。

---

① 赵放. 体验经济思想及其实践方式研究［D］. 长春：吉林大学博士学位论文，2011.

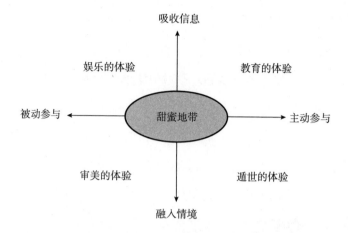

图1-1 体验的分类

资料来源：B. 约瑟夫·派恩，詹姆斯·H. 吉尔摩. 体验经济［M］. 毕崇毅译. 北京：机械工业出版社，2016.

（二）体验是可以被激发的

体验藏于人的感受中，通过外在的暴露点被激发，从而实现人的外在互动。比如，商家可以根据消费者的消费偏好，投其所好地提供相适应的产品和服务，以实现价值交换。

（三）体验具有经济价值

体验不是一种商品或服务，不能出售，却能激发消费者的购买欲，从而促使经济活动的发生。

（四）体验既是真实的又是虚拟的

体验收获到的是人满足的情感，是真实存在的。但是没有"人造体验"这个说法，因此，体验又是虚拟的。

三、体验经济的内涵

姜奇平在《更人性的经济》中形容，体验经济现在就是"一个筐"，各种内容都可以往里装。他认为不能装的反而成为少数或"一小撮"。在这个筐里，"休闲业可以放进去，好莱坞影视可以放进去，迪士尼娱乐可以放进去，意甲足球可以放进去，澳门博彩可以放进去……"但"随着体验经济的膨胀和壮大，什么是体验经济，反倒一句话两句话说不清楚了"。派恩和吉尔摩在《体验经济》中写到："当企业有意识地以服务为舞台，以商品为道具，使消费者融入其中时，体验经济也就产生了。"

综上所述，体验经济（The Experience Economy）是从生活与情境出发，塑造感官体验及思维认同，以此抓住顾客的注意力，改变消费行为，并为商品找到新的生存价值与空间。体验经济是以服务作为舞台，以商品作为道具来使顾客融入其中的社会演进阶段。由于服务经济也在逐步商业化，人们的个性化消费欲望难以得到彻底的满足，人们开始把注意力和金钱的支出方向转移到能够为其提供价值的经济形态，那就是体验经济。

第三节　体验经济的特征

一、生产过程的短周期性

体验经济具有生产过程的短周期性，而消费过程却具有持久性。一般情况下，农业经济受到自然气候的影响，其生产周期多以年为单位，即使运用现代技术，生产过程也至少要以季度为单位。工业经济时代，生产周期多是以季度和月份为单位的。服务经济周期较短，多以天或小时为单位。以网络为基础发展平台的体验经济则以分钟甚至秒为计算单位，具有更短的周期性。同时，虽然服务经济在很多方面具有即时性，但是与体验经济不同的是，服务经济的生产与消费都是即时性的，体验经济的生产具有即时性，而消费却具有持续性，其"感受"作用会"弥留延续"。

二、体验产品的差异性

体验经济的产品具有异质性，"大规模量身定制"是体验经济的本质特征。而工业经济和商品经济追求的是标准化，这不仅要求有形产品的同质性，也要求制造过程的无差异性。在服务经济中则已经表现出相反的倾向。这是因为最终消费者的情况千差万别，企业要满足不同顾客的需求，就必须提供差别化的服务。尤其是体验经济为消费者提供的产品是某种心理感受，这种感受因个体的差异而有所不同，导致生产与消费的个性化。从这个意义上讲，体验的"个性化"是体验经济的灵魂，能够做到"大规模量身定制"是体验经济的本质特征。工业经济的到来依靠的是蒸汽机，而体验经济则依靠网络技术的支持。综上所述，体验产业是以"人"为中心的产业，并致力于满足人的精神层面需求，其产品自然"因人而异"，但生产却能规模化。

三、体验消费的感官性

最狭义的所谓的"体验"就是用身体的各个器官来感知，这是最原始、最朴素的体验经济内涵。旅游是一种体验，坐在家里看电视风光片仅仅使用了眼睛，实际爬山眺望还要用四肢；动感影院不仅仅要用眼睛，更要用整个身体来感受；听音乐会与自己唱卡拉 OK 有所不同；听广播与看电视不同；看电视转播球赛与亲身到现场观看皇马比赛、当个球迷疯狂呐喊也不相同。去迪士尼乐园、游乐场、野生动物园；去健身房、骑马、滑雪、攀岩、冲浪、蹦极；玩模拟足球赛游戏机、模拟投资沙盘；到京郊生存岛学习制作蜡染、豆腐等；逛主题公园、工业旅游、农家游、采摘、钓鱼……这些都是体验。在楼顶旋转餐厅可以边吃边看；在英国的主题餐厅，人们一边吃着送过来的食品，一边观看有戏剧性的演出，甚至随着情节掀起了"人浪"，这些都调动了身体五官，从而增加了体验的强度。

四、体验过程的参与性

体验经济的生产过程具有消费者的直接参与性。农业经济、工业经济的经济产品的产出过程都停留在消费者之外，与消费者没有直接关系。体验经济则表现为消费者参与到生产或服务过程之中，其经济活动是在消费者的消费体验中完成"产品"的生产与交换的。消费者参与的典型是自助式消费，如自助餐、自助导游、自己制作蛋糕 DIY、自己配制饮料、农场果园采摘、点歌互动等。实际上，消费者可以参与到供给的各个环节之中，例如，企业进行市场调查，让消费者参与设计；参加全美 NBA 明星赛的球员由大众投票产生；一些电影在关键时刻由观众投票决定情节的走向；等等。

五、体验产品的无形性

体验产品是无形产品，体验产品是面向人类精神层面的，在某种意义上，它不具有储存性。农业、工业提供的是有形产品，而服务业与体验业提供的是无形产品。体验作用于人类的精神层面，目的是给人美好、难忘的感觉，是伴随着人的记忆而存在的，而非固态的、有形的、实物可储存的产品。例如，有的企业通过热线服务电话回答顾客问题和抱怨、

接受投诉和征求意见；有的商场准备了专项基金用于对消费者损失的快速赔偿；有的商场在各个楼层都设立了退换货室，做出了便利的退换货承诺，让消费者买得放心；有的城市由群众投票对各个部门服务水平进行打分排名；等等。显然，消费者的权益和意见是否得到了尊重，他们自己的体会最为深刻。

第二章

体验经济的演进与意义

第一节　体验经济的演进

一、世界经济的发展阶段

（一）经济发展阶段划分

纵观世界经济的发展，到目前为止经历了四个不同的时代。

1. 农业经济时代

农业经济又称产品经济，是大工业时期来临前的主要经济形式。当时的商品处于短缺期，即供不应求的阶段，谁控制着产品或制造产品的生产资料，谁就主宰市场，统治经济。

2. 工业经济时代

工业经济又称商品经济，随着工业化水平不断提高，商品种类不断丰富，导致商品供给过剩，进入供大于求的阶段。市场竞争加剧导致市场的利润被不断摊薄直到发生亏损。

3. 服务经济时代

服务经济是从商品经济中分离出来的，它注重商品销售的客户关系，向顾客提供额外利益，体现个性化形象。

4. 体验经济时代

体验经济是从服务经济中分离出来的，它追求顾客感受性满足的程度，重视消费过程中的自我体验。

（二）不同经济时代对比分析

体验经济属于继农业、工业、服务之后的第四代经济形态。这几种经济形态的比较见表 2-1：

表 2-1　不同经济时代的比较

	农业经济时代	工业经济时代	服务经济时代	体验经济时代
经济功能	采掘提炼	制造	传递	舞台展示
提供物的性质	可替换的	有形的	无形的	值得回忆的
关键属性	自然的	标准化的	定制的	个性化的
供给方法	大批储存	生产后库存	按需求传递	在一段时期之后披露
卖方	贸易商	制造商	提供者	展示者
买方	市场	用户	客户	客人
需求要素	特点	特色	利益	突出感受

资料来源：B. 约瑟夫·派恩，詹姆斯·H. 吉尔摩. 体验经济［M］. 毕崇毅译. 北京：机械工业出版社，2016.

这四代经济类型就像马斯洛金字塔，从物质层面过渡到精神层面，特点包括：一是大范围多代并存，竞争力与经济价值逐代大幅提升。二是某代的供应达到一定饱和度后，该经济层面的竞争会陷入成本、效率与价格的搏杀，利润空间急剧下降，部分竞争者会进入下一层面，开拓价值蓝海。三是高一代经济类型有能力对前一代实现降维打击，并获得巨大的溢价空间。

以一杯咖啡对应的咖啡豆在四种经济形态下的价值/价格为例（见图 2-1）：

（1）咖啡豆作为农产品种植出来后，其价格也许只有几分钱。

（2）在加工厂完成烘焙，包装为成品，打上品牌，它对应的售价变为 1~3 元。

（3）在街边小店或者类似于瑞幸这类咖啡店内，通过店员的标准化萃取制作服务，变成一杯热腾腾的现磨咖啡，它的价格上升到 5~30 元。

（4）在带给消费者良好体验的环境中，比如在环境优美舒适的咖啡厅、新型书店、旅游景点、商务环境里，它的价格将达到 30~100 元。[①]

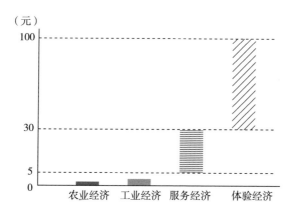

图 2-1　一杯咖啡（豆）在四种经济形态下的价值

二、服务经济向体验经济的演进

20 世纪中期以来，世界经济结构发生了深刻变革，自工业革命以来

---

① 徐霄鹏. 后浪已来，体验经济崛起［J］. 企业观察家，2020（7）：106-110.

长期占据主导地位的制造业在西方国家国民经济中的比例日渐下降，作用日渐削弱，而各类新兴、门类繁多的服务部门开始蓬勃发展。服务部门创造的价值在国民生产总值中所占的比重大于50%，是服务经济的一个公认的判断标准。依据这一标准，西方发达国家在20世纪70年代就进入了服务经济时代。在服务经济中，服务代替商品成为社会上的主要经济提供物。

进入21世纪后，体验经济开始慢慢显露出来。首先，从宏观上来看，体验经济是因为社会高度富裕、文明、发达而产生的。物质文明的发展、居民生活水平的提高、闲暇时间的增多、新技术的不断发展、先进企业对人们消费观念的引领和示范，都促进了服务经济到体验经济的演进。其次，从微观上来看，体验经济的兴起是因为企业提供的产品及服务在质量、功能上已经相当出色，以至于顾客对特色和利益已经淡化，而追求更高层次的特色和利益，即"体验"。服务逐渐向商品化方向发展，商品化逐渐抹杀产品和服务给人们带来的个性化以及独特的感受和体验，当服务变得更加自动化与商品化后，体验就从服务中分离出来，逐渐成为企业向市场提供的、供顾客消费的提供物。体验经济时代的到来是现代社会发展的必然规律，是人的非理性内存外化的必然结果。

目前，从美国到欧洲的社会经济，正以发达的服务经济为基础，紧跟计算机信息时代，逐步甚至大规模地开展体验经济。越来越多的消费者渴望得到体验，越来越多的企业精心设计、销售体验。体验经济在工业、农业、计算机业、旅游业、商业、服务业、餐饮业、娱乐业（影视、主题公园）等行业上演，其中娱乐业已成为目前世界上成长最快的经济领域。

"体验经济"也将成为中国 21 世纪初经济发展的重要内容和形式之一①。

三、体验经济时代来临的必然性

（一）体验经济兴起的原因

（1）当代社会生产力发展水平的提高和人类需求层次的升级是体验经济产生的根本动力。农业经济时代，以农产品作为经济提供品就可以满足人们的生存需要。工业经济时代，以工业产品作为主要经济提供品就可以满足人们的日常需要。服务经济时代，社会生产力获得进一步发展，商品经济空前繁荣，人们的收入不断提高，对生活质量和人生价值的追求日益强烈，对服务的需求不断增加，对服务的品质日益挑剔。到 20 世纪末，随着社会生产力水平、人们的收入水平不断提高，人们的需求层次也有了进一步的升华，产品和服务作为提供品已不能满足人们享受和发展的需要。根据马斯洛的需求层级理论，生存需求和生理需求得到满足之后，消费需求的层次将上升到情感需求以及自我实现需求。消费者开始关注情感的共鸣以及服务的个性化，体验就变得越来越重要。因此，人们需要更加个性化、人性化的消费来实现自我。于是，体验就成了服务经济之后的主要经济提供品，将人类带入体验经济时代。

（2）市场经济的不断发展和市场竞争的不断加剧推动了体验经济的产生。市场经济作为一种社会资源配置的方式和经济体制，在世界范围内不断发展和完善，形成了一套被广泛认可的游戏规则，从而构成了一个完整的经济运行机制，保证了资源的优化配置和竞争的自由、公平与公正。随着市场经济的竞争越来越激烈，以及信息流通的速度加快，产品和服务更

---

① 刘国伦. 论服务经济到体验经济的演进及营销模式变革 [J]. 商业时代，2010（34）：26-28.

加细化，卖方之间的竞争日趋激烈，卖方越发关注顾客消费心理和消费行为的变化，把握顾客需求层次的发展，充分满足顾客需求，为顾客创造更多的价值，提升顾客的满意度和忠诚度。为了应对市场竞争和寻找市场突破口，在单纯提供商品和服务无法塑造竞争优势的情况下，创造"顾客体验"便成为众多企业的共同追求。企业越来越关心顾客在个性化需求、价值体现、心理感受、情感追求等方面的体验，并设法为顾客提供获得体验的平台，进而把越来越多的行业带入体验经济时代。

（3）效率的提高带来了更多的闲暇时间，为消费"体验"创造了必要条件。现代科学技术的迅猛发展促进了社会劳动生产率的大幅提高，为劳动者拥有更多闲暇时间创造了条件。现代企业对企业文化作用的重视和普遍推行的人本管理，对员工身心健康的关注，使员工的休假时间增多。这主要表现为工作时间逐渐缩短，每周工作天数逐渐减少。同时，随着人均寿命的延长，人们退休后的时间也在增加。跟一百多年前相比，人们的闲暇时间大大增加。据统计，在美国，1852年每周平均要工作70小时，而如今美国人有1/3的时间用于休闲，有2/3的收入用于休闲，有1/3的土地面积用于休闲。闲暇时间中，人们更多地关注能使自己感到愉悦的体验，在休闲活动中，体验消费无疑是内涵最丰富、吸引力最强的一种消遣方式。由此可见，人们闲暇时间的增多，为体验经济带来了广阔的市场前景，推动了体验经济时代的到来。

（4）新一代电子信息技术等科学技术的进步为体验经济发展提供了技术支撑。随着新一轮科技革命加速演进，以互联网、大数据、人工智能等为代表的数字技术向经济社会各领域全面渗透，全球进入以万物互联、数据驱动、软件定义、平台支撑、智能主导为主要特征的数字经济时代。这一切为人们分享生活中的体验和设计体验的舞台提供了强有力的技术支持。随着技术的高速发展，顾客可以接触到的服务越来越多，供应商为了生存，为了使自己的商品和服务区别于他人，就必须在自己提供的商品和服务中融入体验的元素，通过提供差异化体验获得利润。为了创造体验，供应商必须清楚地知道顾客与它提供的商品和服务是如何互动的，必须利用信息技术和数字技术建立顾客关系管理系统，通过对顾客信息的收集、分析、集成、共享，了解顾客的真实需求，满足顾客的特定偏好，为顾客带来快乐的体验。同时，无论是娱乐产品、互联网产品还是消费产品，随着技术水平的提升，顾客得到的体验满足感也将大大提升。

（二）体验经济的崛起

体验经济不是一个全新事物。在文娱产业，制造体验一直都是核心目的。比如迪士尼，就是通过经典卡通形象、声、光、电、水雾和故事，创造和售卖体验，深入人心。泛娱乐业如电影、音乐、文学、动漫，也都是以制造和售卖体验为本。同时，体验经济在工业产品端也早已产生影响。比如，苹果公司获得巨大成功，并不仅是因为其产品在功能性能上胜出，体验也是关键。

体验经济目前在更大范围崛起，席卷更多行业，是因为近年来中国物质生产极大丰富，功能性、品牌、价格已经不再是竞争力的核心，商品的情感精神属性的重要性日益显著，体验已经渐渐成为消费者埋单和商品高溢价的原因。

第二节　体验经济与其他经济的比较

一、体验经济与服务经济

体验经济虽然产生于服务经济内部，但与服务经济有很大的区别，主要体现在以下八个方面：

（一）消费行为不同

服务经济时代在生产行为上强调分工及产品功能，在消费行为上则以服务为导向。当人们购买服务时，实际上是在购买一组按自己的要求实施的非物质形态的活动。体验经济时代在生产行为上以提升服务为首，并以商品为道具，在消费行为上则追求感性与情境的诉求，创造值得消费者回忆的活动，并注重与商品的互动。当人们购买一种体验时，他是在花时间享受某一企业所提供的一系列值得记忆的事件（就像在戏剧演出中那样）使他身临其境。体验本身不是一种经济产出，不能完全以清点的方式来测量。

体验是一种客观存在的心理需要。随着生活水平和生活质量的提高，人们购买商品时不仅考虑商品的功能性价值，还更多地关注隐藏于商品中的象征意义和象征功能，偏好那些能够展示自己个性化形象、能与自我心理需求引起共鸣的感性商品。人们不仅开始关注获得的商品，还关注获得的地点和获得的方式。在体验经济时代，人们的消费行为将表现出如下特点：从消费结构看，情感需求的比重增加；从消费内容看，大众化的产品日渐失势，对个性化产品（服务）的需求越来越高；从价值目标看，消费者从注重产品本身转移到注重接受产品时的感受；从接受产品的方式看，消费者从被动接受厂商的诱导、拉动，发展到对产品外观要求个性化，进而对产品功能提出个性化的要求。

（二）顾客的角色不同

服务经济是卖方经济，所有的经济产出都停留在顾客之外，不与顾客发生关系。服务经济的定位是"生产者+消费者"，服务经济时代从生产方来理解和强调产品，"按需定制"中，消费者不是生产者，不参与企业价值的形成过程。服务在生产出来后其价值就固定下来。而体验经济的定位是完全以消费者为中心，从消费方来理解和强调产品。经济学家汪丁丁指出，体验是消费的过程，也是生产的过程。顾客参与企业价值的形成过程，目的就是体验本身，这也是体验经济与服务经济的最大不同。此时，企业的主要工作是为顾客的体验提供舞台，真正的体验要由顾客来实现。顾客可以在实现体验的过程中，充分发挥自己的主动性和能动性，从而使体验品产生更大的价值。

（三）满足的需要不同

服务经济满足的是发展的需要，而体验经济满足的是自我实现的需要。托夫勒进一步解释了从生存到发展到自我实现的历史和逻辑过程。他指出，顾客一方面希望所生活的环境有一定程度的稳定、重复和熟悉程度，但是另一方面又要求得到一些刺激和兴奋，他们希望能感觉到范围广泛的各种体验。体验经济正是从市场需求角度，强调了人的无限需求中的"体验"类需求开始转变为现实需求，从而成为社会经济发展的原动力。自我实现需求，对顾客来说，就是快乐，对企业来说，就是成功。让用户快乐和成功，是工业经济的"价格战"和服务经济的"服务战"饱和后，价值链上移的主要战略。经济形态演进的过程随着消费形态的改变，已从过去的农业经济、工业经济、服务经济转变至体验经济。这是人类社会发展的必然规律，是由生产力发展水平决定的。当经济发达到一定程度之后，人类的消费重点将从产品和服务向体验转移，这是人类发展的一种自然境界。

（四）功能不同

产品是有实体的，服务是无形的，而体验是难忘的。服务经济提供问题的解决方案，如顾客通过维修服务，排除了故障。当顾客购买一种服务时，他实际上买的是为他量身定做的一系列无形的活动。体验经济没有解决顾客的任何问题，也没有留下任何有形的东西，当顾客购买一种体验时，买的是时间和享受，顾客在这段时间里享受一系列值得回味的活动，认为它比有形的东西更值得珍视。体验经济与服务经济的一个重要不同，在于体验经济是制造高潮的经济。体验经济就是把这些高潮系统地、产业化地"制造"出来。

（五）收费和定价不同

在实践中，体验与服务有时很难区分，两者的本质区别在于：服务经济时代体验消费的提供者不对顾客的体验活动进行收费，而体验经济时代体验消费的提供者对顾客的体验活动进行收费。这种情况像给顾客提供产品和服务一样，如果企业只对产品收费，这属于工业经济的范畴；而如果企业既对产品收费又对服务收费，就属于服务经济的范畴。同样，体验原先属于个人自己的事情，现在则是让别人为我们上演体验，并支付一定的费用。事实上，整个经济发展史就是一部将原先免费的东西进行付费的历史。

服务经济时代价格变动的程度在相当程度上是可以预测的。体验经济时代定价则主要取决于顾客获得的价值，而不取决于企业为设计体验所付出的成本，是与产品的实际理性价值相背离的。体验经济的价值是由体验者的心情、感受来决定的，体验者认为花费那么多是值得的，消费者愿意为这类体验付费，因为它美好、难得、非我莫属、不可转让、转瞬即逝。因此企业有比较柔性的定价权，定价非常灵活。

（六）把握价值的方式不同

服务经济用理性把握价值，体验经济用直觉把握价值，认为消费者的消费行为除了包含知识、智力、思考等理性因素以外，还包含感官、情感、情绪等感性因素。消费者在消费前、消费时、消费后的体验，才是研究消费者行为与企业品牌经营的关键。如果说服务经济可以用经济学来指导，那么体验经济甚至可以不用经济学，而是用美学指导。工业经济和服务经济只是使人们走入必然王国，人们想要从必然王国走向自由王国，必须经历从经济人理性向"行为"的转变。

（七）核心问题不同

服务经济的核心问题是管理，体验经济的核心问题是创新。创新之所以如此重要，就在于体验经济的经济提供物必须给顾客留下深刻和永久的记忆，而要达到这种效果，就必须有好的主题和创意。继标准化洗礼服务传递之后，创新将是体验竞争的焦点。因为，今天看似无法实现的服务，明天可能就会成为行业标准。更何况，即使是服务标准本身也需要用创新来增强它的活力，让创新推动体验走向完美。因此，在体验经济中，创新将比以往任何时候都重要，唯有创新才是企业发展的根本出路。

（八）解释理论不同

服务经济以梅奥等开辟的行为管理理论（又称人际关系理论、社会人理论）来解释；体验经济的心理学源头在马斯洛，经济学源头在戴维·莱布森和穆拉伊纳丹，媒体源头在约瑟夫·派恩和詹姆斯·吉尔摩，哲学源头是"另类"的尼采哲学，尼采认为人的本质是未定型的，人类可以自由地创造自己的本质，人类也应该好好地利用自己的未定型，塑造出更健康有力的人性。①

---

① 刘国伦. 论服务经济到体验经济的演进及营销模式变革 [J]. 商业时代，2010 (34)：26-28.

二、体验经济与知识经济

(一) 知识经济的起源

20 世纪 60 年代，美国普林斯顿大学教授马克卢普（F. Machlup）就提出了有关知识经济的思想。1962 年，他出版的专著《美国的知识生产与分配》中提到了有关知识产业的问题。这一思想提出的时间是比较早的，因而在各种新经济概念中，知识经济的名气也是最为响亮的。真正意义上提出知识经济的概念则是在 20 世纪 90 年代，官方来源是 1996 年经济合作与发展组织（OECD）的《以知识为基础的经济》报告。这个报告将知识经济定义为"以知识为基础，进行生产、分配和使用的经济"。

事实上，知识经济的缘起与新经济增长理论有很大关系。美国经济学家保罗·罗默认为，当前世界经济的增长与知识的生产是分不开的，所以他把知识积累看作经济增长中的一个内生性因素，是现代经济增长的源泉。随着近几十年经济的发展，科技对国民经济的贡献率越来越高。以美国为例，据有关统计，在 20 世纪初，科技对国民经济的贡献率为 20%，到 20 世纪 50~60 年代是 40%~50%，再到 70~80 年代则为 60%~70%。其中，信息技术产业的迅速发展尤为突出，也引起了经济增长方式、产业结构、就业结构的巨大变化，很多学者将这些新的经济现象称为知识经济[①]。

(二) 知识经济与体验经济的区别及联系

知识经济与体验经济有着大量的共同点：它们崛起的时代基本相同，体验经济的提法略晚于知识经济，但都是在信息技术革命的时代背景下提出的，都是对托夫勒在《第三次浪潮》中提出的"后工业时代"经济模式的解释，所述的经济现象很多是一致的。

---

① 赵放. 体验经济思想及其实践方式研究 [D]. 长春：吉林大学博士学位论文，2011.

首先，体验经济所提出的用"创意"生产体验消费品和知识经济以"知识"生产有关产品的说法，在某种意义上是相同的，都是把"人"作为核心生产要素，注重人力资源的创新价值。其次，体验经济力求借助现代信息技术，通过"创意"来实现新的经济价值，而知识经济追求用"知识"去发展科技，坚持可持续发展。两种思想的说法不存在重大的分歧，都是以人的"智力"作为生产要素的。再次，中国学者王战华曾这样评价知识经济与体验经济：体验经济是从市场需求角度对"知识经济"的解读。如果说，"知识经济"从生产角度强调了知识在经济发展中的作用，"体验经济"则从市场需求角度强调了人的无限需要中的"体验"类需要开始转变为现实需求，从而成为社会经济发展的原动力。在他看来，两种思想并不冲突，只是侧重点不同，知识经济从生产的角度看待新经济，而体验经济则从需求的角度看待新经济。最后，知识经济将自身定义为"以知识为基础的经济"，这是相对于工业经济、农业经济这些"以物质为基础的经济"而言的。在这一点上，知识经济和体验经济是一致的。不同的是，体验经济认为它是继农业经济、工业经济、服务经济之后的第四个发展阶段，知识经济只将自身定位为第三个发展阶段，正好对应于体验经济定义下的服务经济。

三、体验经济与信息经济

（一）信息经济的起源

信息经济的相关理论思想来源于美国。1959 年，美国经济学家马尔沙克（J. Marschak）在《信息经济学家评论》一文中首先使用了信息经济学（Economics of Information）一词。1961 年，斯蒂格勒发表了《信息经济学》一文，使主要以信息经济为研究对象的信息经济学成为新兴经济学学科。1973 年，贝尔在其著名的《后工业社会》一书中提出了"下一代经济"的观点，认为西方发达国家已经从工业社会进入了信息社会。1977年，在前人思想的引导下，斯坦福大学的马克·尤里·波拉特（Mac Uri Porat）博士完成了以"信息经济"为标题的著名报告，并将产业类型分为农业、工业、服务业与信息业。目前关于信息经济的定义已有很多种，但可以肯定的是，信息经济这一概念是相对于传统经济而言的。在信息经济中，以信息成分为主的产品和服务将占主导地位①。

（二）信息经济与体验经济的区别及联系

20 世纪 50 年代，美国的服务业和信息业的从业人数首次超过工厂中的"蓝领"，美国著名学者阿尔文·托夫勒认为这一变化意味着美国从工业经济转向服务经济。在他的论述中，一直将服务业与信息业并列放置。对此，姜奇平认为："从此服务业逐渐转向信息处理和信息交换，进而转向通信，随之出现一系列变革以及经济上的大幅增长，虽然增长的机制一直没有完全说清楚。不过按照托夫勒在 1970 年的产业划分，这里与信息处理和信息交换是对应的，正是体验业的位置。"也就是说，信息业是体验经济的先驱产业，应当归属体验业。此外，新加坡学者唐方在《信息商品是体验型商品》中指出，信息商品是体验型商品。他认为在信息经济社会中，信息商品对于传统的商品在经营上需要有新的要求，即信息商品必须是体验型商品，消费者只有通过体验才能了解信息品的真正价值，而价值是可以作为"经历"对以后的生产生活产生影响的。信息业不是简单的服务业，通过体验获取的信息品，是必须要付费的。所以在他看来，信息业是属于体验业的。不过"信息经济"的提法在字义上更加倾向于科学技术的发展，是从生产者的角度来看的，通过科技来使生产能力得以提高。

---

① 赵放. 体验经济思想及其实践方式研究［D］. 长春：吉林大学博士学位论文，2011.

第三节　体验经济的发展意义

一、体验经济对经济社会产生深远影响

一是提升相关产业，创造新岗位。体验经济时代的到来，使体验逐渐取代商品和服务成为社会消费的主要经济提供品。伴随着计算机技术的发展，体验消费和体验营销迅猛发展，以体验为核心的产业，如休闲业、网络娱乐业、旅游业等在社会产业结构中所占的比例和产值不断增加。同时，各产业也产生许多相关的人才需求，如用户需求研究员、用户体验分析师，以及能提高用户体验的具有创意的人才。

二是重新配置社会资源。一方面，体验经济作为一种新兴的、更加人性化和富有竞争力的经济形式，将促使社会按照市场经济的规则为体验经济产业配置更多的资源，从而推动体验经济的发展；另一方面，传统营销时代掌握了渠道资源的企业可以获取更多的社会资源，而体验经济时代，依靠优秀的用户体验掌握了消费者的企业则拥有了更强的竞争力，社会资源也会向这些更加人性化、更加富有竞争力的新型企业倾斜。

三是改善消费环境。体验经济的发展使人们的参与意识和体验追求不断增强，这必将对社会政治、经济、文化、科学技术，以及生产方式和生活方式产生深远的影响，从而进一步促进社会经济环境和消费环境的变化。体验经济的发展促使人们的体验追求不断增强，消费观念升级，反过来对传统企业产生了压力，迫使这些企业重新思考体验的重要性，从而改善整个市场的微观消费环境。

四是激发社会责任。体验经济可以有效激发消费者的社会偏好，形成企业和消费者共同承担社会责任的机制，建立利益共同体。社会成员与生俱来存在社会属性，这种社会属性体现在个人的社会偏好上。社会偏好会激发个体的利他、互惠、公平等行为。体验经济下，企业可以通过相应的助推机制，有效激发消费者的社会偏好，并使之与企业的社会偏好形成共振，产生社会责任行为。

二、体验经济为客户创造特殊价值

体验经济的形成和发展给消费者的消费观念和消费方式带来了多方面的深刻变化，同时也从多方面为顾客创造价值。

一是增加消费者福利。体验经济能够让消费者参与到消费和生产活动中，通过一些助推机制的设计，解决信息不对称问题，增加消费者福利。一个典型的例子就是体验农场的机制设计。传统的蔬菜瓜果市场是农户在市场上售卖，消费者在市场上购买。而在体验经济模式下，农户借助互联网与生产基地监控系统对接，让消费者实时监测蔬菜瓜果的生产过程，大大降低消费者信息不对称的困扰。这种技术进步是一种标准的助推机制，农户通过引进网络技术，构建与消费者之间的信任体系，从而形成长期合作。

二是满足消费者高层次需求。消费者的高层次需求包括：①感观上的体验。这主要使顾客在感观上有一种完全不同的感觉和享受。例如，海底世界、动感电影及各种惊险过山车基本属于此类。②信息和知识上的体验。这是一种通过向顾客提供新的信息和知识而产生的体验，如研讨会、专业展览及各种培训均属此类。③情感上的体验。流行歌曲演唱会、养宠物都可以提供这样的体验。④心理上的满足。这种体验源于通过特殊服务而使顾客产生的被重视、被尊重、被保护、被依赖的感觉。⑤超越自我的体验。这种体验往往使人产生一种成就感或虚拟的自我实现的感觉。

三、体验经济创造新的经营管理模式

体验经济要想引起社会经济环境和顾客需求的深刻变化，必然要求企业的经营管理模式发生相应变革。

在传统商业模式中，产品、服务的研发和创新都是企业自己的事，企业通过市场调研获得相关的需求信息，并根据这些信息开发适销对路的产品。企业根据成本节约和生产率提升的要求，研发新技术，推动社会进步。在这整个过程中，消费者并没有直接参与。而体验经济让消费者参与到具体的消费和生产活动中，消费者可以根据产品和服务的使用体验，为企业提出改进建议，甚至直接提出产品和服务设计的新思想、新思路，大幅度提高企业的创新效率，降低创新风险。一个典型的例子就是游戏行业。游戏企业通过设置论坛或者专项讨论板块，让玩家参与体验讨论，并给予其相应的奖励，激励玩家参与建议反馈。玩家在讨论的过程中，会提出很多有益的设计思路，甚至会提出一些具有前瞻性的设计思想，游戏企业可以据此改进产品以及技术，甚至商业模式。

此外，传统经济时代的生产销售方式为企业生产产品后通过渠道或者促销进行销售，而体验经济时代是企业将消费者的需求和体验作为决策的依据，并建立消费场景，在消费场景中生产商品或者提供服务。同时，体验经济的发展让企业不仅关注渠道和价格的竞争，还更多地关注对品牌文化和形象的塑造，从而在情感、价值观上与消费者达成一致，提高消费者的品牌忠诚度。

第三章

体验经济时代下的
消费者与生产商

第一节　体验经济时代的消费环境

历史证明，每一次伟大的经济进步，都将导致人们消费环境发生巨变。体验经济时代的消费环境也发生了极其深刻的变化，主要表现在以下六个方面：

（1）科技日新月异，社会生产力迅猛发展，加速了产品的更新换代。新产品和各种高科技产品层出不穷，推动了消费内容和消费方式的不断更新。

（2）发展中国家市场化进程加速和发达国家区域联盟的建立，促进了世界经济一体化和国际市场的形成，国际间贸易激增，商品选择范围扩大到全球。

（3）信息技术的迅速发展和广泛使用，给传统的商品交换方式带来了强烈冲击，为实现消费者购物方式和消费方式的根本性变革提供了可能。

（4）工农业高度发达，人们不再为衣食住行发愁，有大量闲暇时间可以自由支配。

（5）现代交通的通信技术日益发达，缩小了地域间的时空距离，促进了国际交流的增加。它使不同国家、民族的文化传统、价值观念、生活方式得以广泛交流、融合，各种"合金"文化、消费意识、消费潮流不断涌现，并以前所未有的速度在世界范围内广泛扩散、传播。

（6）"人性"解放，物质生活和精神生活的日益丰富，使得人类审美情趣和价值趋向多元化进程不断加快。"'上帝死了'，权威消失，人们有了越来越多选择自己的生活状态和生活方式的自由。"[①]

第二节　体验经济时代的消费者行为

一、消费结构方面，情感需求比重增加

消费者在注重产品质量的同时，更加注重情感的愉悦和满足。约翰·奈斯比特指出，每当一种新技术被引进社会，人类必然要产生一种需要加以平衡的反应，也就是产生一种高情感需求，否则，新技术就会遭到排斥。技术越高，情感需求越大。例如，互联网的引入，使网上虚拟社区得以建立并日益繁荣。新技术的应用改变了社会生活的范围，也是高情感需求产生的范围，甚至延伸到社会生活的各个领域。人们购买商品不再是出于生活必需的目的，而是为了满足一种情感上的渴求，或者是追求某种特定产品与理想的自我概念的吻合。人们更关注产品与自己关系的密切程

---

① 刘凤军，雷丙寅，王艳霞. 体验经济时代的消费需求及营销战略［J］. 中国工业经济，2002（8）：81-86.

度，偏好那些能与自我心理需求引起共鸣的感性商品。于是，从意大利的足球联赛到好莱坞的美国大片，许多迎合这一变化的产品或服务大行其道。

二、消费内容方面，个性化产品和服务需求日益旺盛

人们越来越追求那些能够促成自己个性化形象形成，彰显自己与众不同的产品或服务。当我们把个性化划分为外在的、形体的和内在的三个层次时，三个广阔的市场也就展现在我们眼前了。从服饰行业看，从颜色到款式，从材质到功能，变化越来越多；从家居装饰行业看，满足客户特殊要求的房产、家具、装修设计等在市场竞争中优势明显。与此同时，各种美容、美发、美体等企业不断涌现，各种健美训练、特色休闲也受到消费者欢迎。在日益激烈的生存竞争中，对劳动力的素质也提出了越来越高的要求，从而使得各种形式、内容的教育、培训和与此相关的产业蓬勃发展。同时，消费者在接受产品或服务时的"非从众"心理日益增强，相信自己的判断、相信自己的感觉的心理日益明显。

三、价值目标方面，注重接受产品时的感受

现代人消费似乎不仅关注得到怎样的产品，而且更加关注在哪里、如何得到这一产品。或者说，现代人不再重视结果，而是重视过程。最典型的莫过于星巴克在咖啡市场的成功。人们宁愿花更多的钱去享受在星巴克喝咖啡的感觉，而不愿意在家或者办公室为了解渴而饮用速溶咖啡。另外，请消费者参与、互动的服务日益受到欢迎。在休闲业，人们从过去的观光旅游正逐渐转变为体验旅游，如野外生存训练、挑战极限等项目受到消费者青睐。

四、接受产品方式方面，主动参与产品的设计与制造

消费者开始主动参与产品的设计与制造，主要表现在：消费者从被动接受厂商的诱导、拉动，发展到对产品外观要求个性化，再发展到不再只满足于产品外观的个性化，而是对产品功能提出个性化的要求。海尔集团因能够研制顾客需要的三角形冰箱而名噪一时。戴尔电脑更是由于抓住了个性化的产品功能设计这一趋势而在 PC 市场上一举成名。消费者越来越希望和企业一起，按照他们的生活意识和消费需求开发能与他们产生共鸣的"生活共感型"产品，开拓反映他们新的生活价值观和生活方式的"生活共创型"市场。在这一过程中，消费者将充分发挥自身的想象力和创造力，积极主动地参与产品（包括物质产品和精神产品）的设计、制造和再加工，通过创造性消费来体现独特的个性和自身价值，获得更大的成就感、满足感。

五、消费理念方面，消费者公益意识不断增强

随着人们物质生活的满足，消费者对生存环境和生活质量越来越关心，人们比以往任何时候都珍视自己的环境质量，反对资源的掠夺性开发和使用，追求永续消费。人们愿意为保护环境出钱出力，同时，改变消费习惯以利于环保的进行①。

---

① 刘凤军，雷丙寅，王艳霞. 体验经济时代的消费需求及营销战略［J］. 中国工业经济，2002（8）：81-86.

第三节 体验经济时代的营销模式变革

随着经济形态的演进，营销模式也发生了变革，经历了从"4Ps"到"4Cs"再到"6Es"的转变。

一、工业经济时代"4Ps"营销模式

工业经济时代的营销模式以杰罗姆·麦卡锡提出的"4Ps"（Product、Price、Place、Promotion）营销组合为指导，专注于产品的特色与利益，把顾客当作理智的购买决策者，把顾客的决策看成一个解决问题的过程，非常理性地分析、评价，最后决策购买。

产品（Product）：注重开发的功能，要求产品有独特的卖点，把产品的功能诉求放在第一位。

价格（Price）：企业根据不同的市场定位，制定不同的价格策略，产品的定价依据是企业的品牌战略，注重品牌的含金量。

分销（Place）：企业并不直接面对消费者，而是注重经销商的培育和销售网络的建立，企业与消费者的联系是通过分销商来进行的。

促销（Promotion）：企业注重销售行为的改变来刺激消费者，以短期的行为（如折扣让利、买一送一、营造营销现场气氛等）促成消费的增长，吸引其他品牌的消费者或诱导提前消费，促进销售的增长。

二、服务经济时代"4Cs"营销模式

服务经济时代的"4Cs"（Customer、Cost、Convenience、Communication）营销组合策略是由美国营销专家劳特朋教授在 1990 年提出的，它以消费者需求为导向，重新设定了市场营销组合的四个基本要素。

一是顾客（Customer）。这里主要指顾客的需求。企业必须首先了解和研究顾客，根据顾客的需求来提供产品。同时，企业提供的不仅是产品和服务，更重要的是由此产生的客户价值。

二是成本（Cost）。不单是企业的生产成本，或者说"4Ps"中的价格，它还包括顾客的购买成本，这意味着产品定价的理想情况应该是既低于顾客的心理价格，也能让企业有所盈利。此外，这中间的顾客购买成本不仅包括其货币支出，还包括其为此耗费的时间、体力和精力以及购买风险。

三是便利（Convenience）。顾客在购买某一商品时，除耗费一定的资金外，还要耗费一定的时间、精力和体力，所以，顾客总成本包括货币成本、时间成本、精神成本和体力成本等。由于顾客在购买商品时，总希望把有关成本包括货币、时间、精神和体力等降到最低，以使自己得到最大限度的满足，因此，零售企业必须考虑顾客为满足需求而愿意支付的"顾客总成本"，努力降低顾客购买的总成本。

四是沟通（Communication）。沟通被用以取代"4Ps"中对应的促销。"4Cs"营销理论认为，企业应通过与顾客进行积极有效的双向沟通，建立基于共同利益的新型企业/顾客关系。这不再是企业单向地促销和劝导顾客，而是在双方的沟通中找到能同时实现各自目标的通途。

"4Cs"营销理论重视顾客导向，以追求顾客满意为目标，这实际上是当今消费者在营销中越来越居主动地位的市场对企业的必然要求。在"4Cs"理念的指导下，越来越多的企业更加关注市场和消费者，与顾客建立一种更为密切的、动态的关系。

三、体验经济时代"6Es"营销模式

体验经济环境认定的顾客价值，是针对目标市场中每一位顾客的个别价值提出的。它要求企业在经济运行中，使每一位顾客都能获得满意的价值。因此，企业必须按照特定顾客的具体需求量身定制。这种量身定制的最大特点就是个性化。量身定制是体验经济的必由之路，并统领着体验经济的运行。体验营销从消费者的感官、情感、思考、行动、关联五个方面重新定义、设计营销的思考方式，突破传统营销"理性消费者"的假设，认为消费者的消费体验才是营销的关键。从重视产品的性能与质量转变为重视顾客的感性需求，从产品的制造者或服务的提供者转化为体验的策划者。因此，体验营销既是营销重点的转移，又是营销视角的转换；既是一种营销策略，又是一种全新的营销模式。体验策略组合由以下要素构成：

一是体验（Experience）。体验经济的灵魂或主观思想的核心是主题体验设计，根据消费者的兴趣、态度、嗜好、情绪、知识和教育，把商品作为"道具"，服务作为"舞台"，环境作为"布景"，创造一项顾客能拥有的、美好的、值得纪念的回忆，引发消费者在情感上的共鸣，增加产品的附加价值。在体验经济中，企业应注重"市场营销+戏剧舞台"概念。"工作就是剧院"和"每一个企业都是一个舞台"的设计理念应在企业经营活动中被广泛应用。主题体验设计在发达国家已经成为一个设计行业，成功的主题体验设计必然能够有效地促进体验经济的发展。

二是情境（Environment）。情境是企业为顾客创建的"表演舞台"，是体验产生的外部环境。它既可被设计成现实的场景，也可被设计成虚拟的世界。在情境策略的设计中，可以借鉴戏曲理论、心理学、社会学等方面的知识，服务于体验策略。企业要关注消费情景，以创造体验吸引消费

者，强调与消费者的沟通，触动消费者内在的情感和情绪。

三是事件（Event）。这里的事件特指为顾客设定的一系列表演程序。如果企业提供的体验零散且无法辨别，那将很难在顾客心目中形成一个清晰的概念和定位，因此，企业必须对表演的过程进行特别的设计。事件策略根据表演的松散程度设立严格的或相对宽松的程序。在事件策略的设计中，要塑造完整的体验，不仅需要设计一层层的正面线索，还必须减除削弱、违反、转移主题的负面线索，考虑顾客相互之间的关系，协调他们之间的活动。

四是浸入（Engaging）。消费者比以前更愿意参与产品的设计，希望通过创造性消费来体现独特的个性和自身价值，获得更大的成就感、满足感。体验营销关注顾客的主动参与性，浸入策略是要通过营销手段使顾客真正浸入企业所设计的事件中，要求在角色的设计中一定要使顾客成为一个真正的"演员"。顾客只有真正地参与事件，其心理活动才能真正地浸入情境中，才会产生愿意付费的体验。

五是印象（Effect）。体验营销在向顾客让渡体验的同时，要注重引入印象策略以提升企业的顾客资产。体验时的难忘过程产生了印象，成为维持长期顾客关系的重要因素，但印象会随着时间的推移逐渐衰减，若不对其进行管理，顾客关系的长期保持将很难实现。

六是延展（Expand）。企业将产品的研发拓展到相关领域中去，形成完整的价值链，顾客体验可以延展到企业的其他产品，延展到不同地区和时期，并向他人传播，从而实现了顾客价值的最大化。

在"6Es"组合策略中，各个"E"之间联系密切，首先，体验策略是体验的设计过程，是情境策略、事件策略和浸入策略的前提和基础，其他策略必须服从和服务于体验策略的基本内涵和思想。其次，情境策略、

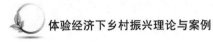

浸入策略和事件策略是体验的实现过程，企业通过这三个策略的实施，完成体验的生产和让渡，顾客也完成了对体验的消费。最后，印象策略和延展策略是体验营销的管理过程，它建立在前面策略的结果之上，力求保持长期的顾客关系，提升企业的顾客资产。

第四章

数字体验经济的融合发展

第一节　数字经济

一、数字经济的概念

数字经济是信息技术的产物。20 世纪 90 年代中期，美国经济学家唐·塔普斯科特出版了《数字经济：网络智能时代的前景与风险》一书。随着曼纽尔·卡斯特的《信息时代三部曲：经济、社会与文化》、尼葛洛庞帝的《数字化生存》等著作的出版和畅销，数字经济理念在全世界流行开来。

关于数字经济的定义，许多国际机构和组织都作出了概括，其中，2016 年 G20 杭州峰会发布的《二十国集团数字经济发展与合作倡议》中的定义最具代表性：以使用数字化的知识和信息作为关键生产要素、以现代信息网络作为重要载体、以信息通信技术的有效使用作为效率提升和经济结构优化的重要推动力的一系列经济活动。

2021 年 6 月，国家统计局公布的《数字经济及其核心产业统计分类

（2021）》将数字经济界定为以数据资源作为关键生产要素、以现代信息网络作为重要载体、以信息通信技术的有效使用作为效率提升和经济结构优化的重要推动力的一系列经济活动。并从"数字产业化"和"产业数字化"两个方面，确定了数字经济的基本范围，将其分为数字产品制造业、数字产品服务业、数字技术应用业、数字要素驱动业、数字化效率提升业五大类。其中，前四大类为数字产业化部分，即数字经济核心产业，是指为产业数字化发展提供数字技术、产品、服务、基础设施和解决方案，以及完全依赖于数字技术、数据要素的各类经济活动。第五大类产业数字化部分，是指应用数字技术和数据资源为传统产业带来的产出增加和效率提升，是数字技术与实体经济的融合。

二、全球数字经济发展形势

数字经济基于新一代信息技术，孕育全新的商业模式和经济活动，并对传统经济进行渗透补充和转型升级。数字经济的发展从客观上来说是信息技术、数字技术发展到一定程度带来的变化。

从全球来看，数字经济是全球实现可持续经济增长的引擎。全球主要国家早就对数字经济制定了战略规划，将发展数字经济上升到国家战略层面。美国在数字经济领域主要发布了《数据科学战略计划》。另外，美国还发布了《国家网络战略》和《美国先进制造业领导力战略》，在其中明确提到了促进数字经济发展的相关内容。欧盟在数字经济领域发布了"地平线欧洲"计划提案，在其中阐述了推动数字经济发展的举措。英国在数字经济领域主要发布了《数字宪章》《产业战略：人工智能领域行动》《国家计量战略实施计划》等一系列行动计划。法国在数字经济领域主要发布了《法国人工智能发展战略》《5G 发展路线图》《利用数字技术促进工业转型的方案》等一系列与数字经济相关的前沿技术政策。

中国信息通信研究院数据显示，全球数字经济增加值规模由 2018 年的 30.2 万亿美元扩张至 2019 年的 31.8 万亿美元，规模增长了 1.6 万亿美元，数字经济已成为全球经济发展的新动能。全球数字经济占 GDP 比重已由 2018 年的 40.3% 增长至 2019 年的 41.5%，提升了 1.2 个百分点，数字经济已成为各国国民经济的重要组成部分。而据国际数据公司（IDC）预测，到 2023 年数字经济产值将占到全球 GDP 的 62%，全球将进入数字经济时代。

三、中国数字经济发展情况

从国内来看，2006 年发布的《2006—2020 年国家信息化发展战略》，把推动数字经济发展作为国家战略，不断推动数字经济发展。自 2017 年政府工作报告首次提出"数字经济"概念以来，"数字经济"至今已累计 4 次被直接写入政府工作报告中。2019 年，政府工作报告提出促进新兴产业加快发展，壮大数字经济；2020 年提出全面推进"互联网+"，打造数字经济新优势；2020 年底召开的中央经济工作会议指出："要大力发展数字经济。" 2021 年，"数字经济"和"数字中国"同时出现，并且增加了"数字社会""数字政府""数字生态"等内容。此外，党的十九届四中全会《中共中央关于坚持和完善中国特色社会主义制度　推进国家治理体系和治理能力现代化若干重大问题的决定》首次增列数据作为生产要素，党的十九届五中全会《中共中央关于制定国民经济和社会发展第十四个五年规划和二〇三五年远景目标的建议》进一步提出推进数据要素市场化改革、加快数字化发展，发展数字经济，推进数字产业化和产业数字化，推动数字经济和实体经济深度融合，打造具有国际竞争力的数字产业集群。由此可见，大力发展数字经济已上升为国家战略，数字经济正在成为驱动我国经济高质量发展的重要引擎。

中国信息通信研究院《中国数字经济发展白皮书（2021）》显示，我国数字经济延续蓬勃发展态势，规模由 2005 年的 2.6 万亿元扩张到 2020 年的 39.2 万亿元，较 2019 年增加 3.3 万亿元，占 GDP 比重为 38.6%，同比提升了 2.4 个百分点，位居世界第二。地方上，已有广东、江苏、山东等 13 个省市数字经济规模超过 1 万亿元；北京、上海数字经济 GDP 占比超过 50%。在全球经济增长乏力甚至衰退的背景下，《中国数字经济发展白皮书（2021）》显示，2020 年数字经济增速达 9.7%，高于同期 GDP 名义增速约 6.7 个百分点，是同期 GDP 名义增速的 3 倍多，成为稳定经济增长的关键动力。具体来看，产业数字化进一步巩固了数字经济的主导地位。2020 年，我国数字产业化规模达 7.5 万亿元，占数字经济比重为 19.1%，占 GDP 比重为 7.3%；产业数字化规模达 31.7 万亿元，占数字经济比重达 80.9%，占 GDP 比重为 31.2%，为数字经济持续健康发展提供强劲动力。

伴随着新一轮科技革命和产业变革的持续推进，叠加疫情因素影响，数字经济已成为当前最具活力、最具创新力、辐射范围最广泛的经济形态，是国民经济的核心增长极之一。2021 年是"十四五"开局之年，站在新的历史起点上，数字经济将进一步促进经济转型升级和增长方式转变，增强中国经济发展的韧性，为经济社会发展提供强劲动能。

四、我国数字经济发展趋势

数字经济代表着一种经济新生力量和先进生产力。清华大学国家金融研究院副院长张伟表示，发展数字经济是畅通双循环和实现高质量发展的内在要求。以国内大循环为主体、国内国际双循环相互促进的新发展格局，是应对内外形势变化的必然选择。单从内循环来讲，数字经济不仅可以扩大内需、消化供给，还可以畅通供给，对供给侧进行改革。

《中华人民共和国国民经济和社会发展第十四个五年规划和 2035 年远景目标纲要》将数字经济部分单独列为一篇，并在主要目标中提出，到 2025 年，我国数字经济核心产业增加值占 GDP 的比重要由 2020 年的 7.8%提升至 10%。同时，数字经济也已经成为各省市产业规划的"标配"，北京、上海、四川、浙江、湖南、福建等地密集规划 2021 年及"十四五"时期数字经济具体增长目标。

展望未来，数字技术创新应用将向更大范围、更高层次和更深程度拓展，数字经济红利将进一步释放，数字经济将向着数据流通服务创新加快、数字经济与实体经济更深层次融合、数字基建全面推进、新业态新模式日益成熟、治理数字化更加务实、数字贸易水平进一步提升等方向迈进。

第二节　数字经济与体验经济的融合

一、数字经济为体验经济带来新预期

随着数字时代的到来，大数据、物联网、AI 等数字经济理念和技术不断向各行各业深入渗透，社会经济全面进入数字赋能阶段。例如，通过杭州旅游 APP 的景区"客流舒适度"提示数据，游客可以完美地错开人潮，就连找厕所这样的"急事"，也只需要在手机上一键查询。又如，借助大数据平台实时更新景区道路实况、规划最优出行路线，通过景区交通数字化管理，垃圾处理、污水排放等废弃物处理设施智能化，满足游客生态感官愉悦的同时增强游客的科技体验。

二、数字场景化，激活线下体验经济

数字经济，作为跨时代的创新引擎，已进入 2.0 时代，以旅游为主的体验经济，由于数字场景化，线下体验经济被激活。例如，在美团、携程等 APP 平台以及微信、微博客户端，借助线上网络流量、会员服务等便利优势，通过乡村旅游信息咨询、实景可视化展示等线上功能，将线上高效服务、数字场景与线下优质体验高度融合，激发客户线下体验的兴趣，满足游客品质化、多样化、个性化的体验需求。

第三节　数字体验经济的定义及内涵

一、数字体验经济的概念界定

数字体验经济是数字经济和体验经济融合的产物，目前还没有明确的概念。中国社会科学院财经战略研究院互联网经济研究室主任李勇坚指出：数字经济在国民经济中占有支柱地位，数字体验已经在很大程度上影响着人们的经济社会生活。数字体验经济的发展带来了新型的信任和合作关系，通过社交媒体交流成为人们生活需求中最重要的部分之一。用户的需求像是海面上的冰山，而数字体验经济的关键就在于挖掘"冰山"下的那些潜在需求。

中国电子信息产业发展研究院联合奥多比公司发布的《数字体验经济发展白皮书》中指出：数字体验经济是以数据作为关键生产要素，以新一代信息技术为支撑，以数字化转型推动各行各业系统性转变的系列经济活动。这些活动包括：以个性化、定制化的数字产品与服务提升用户体验感受；以基于数据挖掘的解决方案优化企业生产服务全流程；以数字化、智能化的电子政务及云服务提升政府公共服务效率；等等。

二、数字体验经济的基本特征

中国电子信息产业发展研究院联合奥多比公司发布的《数字体验经济发展白皮书》中提到了数字体验经济的基本特征，具体见图4-1。

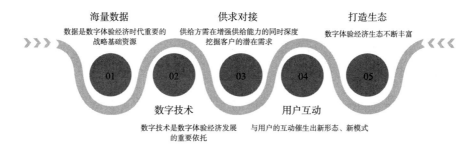

海量数据
数据是数字体验经济时代重要的
战略基础资源

供求对接
供给方需在增强供给能力的同时深度
挖掘客户的潜在需求

打造生态
数字体验经济生态不断丰富

01　02　03　04　05

数字技术
数字技术是数字体验经济发展
的重要依托

用户互动
与用户的互动催生出新形态、新模式

图4-1　数字体验经济的基本特征

资料来源：中国电子信息产业发展研究院联合奥多比公司发布的《数字体验经济发展白皮书》。

（一）数据是数字体验经济发展的关键基础资源

数据是数字体验经济时代重要的战略基础资源，是一切数字体验经济活动的基础，海量数据的处理及应用需求增长将助推数字体验经济的发展。数据的获取渠道是多元化的，其中互联网和移动互联网的数据体量最大，其次还有来自物联网的数据。通过建立数据档案，对不同用户、终端中的数据进行识别归档，利用计算机和复杂算法，获取多种来源的大量数据集，用以分析数据背后隐含的需求和行为模式，从而实现数据的商业化转化。

（二）数字技术创新助推数字体验经济快速发展

数字技术是数字体验经济发展的重要依托，有力支撑了数据资产向商业价值变现的转化过程。在数据爆发时代，企业需要根据市场需求，借助数字技术开发新产品和新项目，并从海量数据中充分挖掘商业价值，完成数据价值变现，继而为消费者提供更优质的体验服务。随着物联网、大数据、云计算等数字技术的发展，数字技术在商业上的应用越来越广，帮助越来越多的企业实现高效率的搜索能力和海量数据挖掘能力。

（三）实现供给与用户需求精准对接

在数字体验经济时代，用户的需求并不明确，只有体验后才会有所反馈。供给方需在增强供给能力的同时，深度挖掘用户的潜在需求，不断进行创新。一方面，供给方需要精准定位受众群体，保持与目标用户的直接、真实接触，随时掌握用户的需求偏好和使用习惯，便于有针对性地提供定制化服务；另一方面，随着用户消费需求的升级，为精准对接消费需求，供给方需要不断提升产品和服务质量，持续创造最佳体验感的产品和服务，增强用户黏性。

（四）供需互动不断催生新形态、新模式

数字体验经济发展以"用户体验最大化"为中心，供需双方在生产各环节的互动与反馈，不断催生新形态、新模式。信息反馈在供需双方互动过程中至关重要，数字技术帮助企业抓取用户需求，实现信息的即时反馈，大大提升信息反馈的频次、效率，减少供需对接的不对称性和低效率。在交通出行等领域，通过高效的供需匹配，分享经济等新业态、新模式应运而生，不断拓展数字体验经济的范畴。

（五）全方位构建数字体验经济新生态

一是数字体验经济助推各行各业融合发展。大数据、物联网、云计算、人工智能等数字技术持续迭代升级，为数字体验经济发展奠定了基石。数字技术与实体经济加速深度融合，渗入商贸、生活服务、交通、工业等生产生活各领域，带动全球经济社会发展变革，世界各国和企业纷纷开启数字体验经济发展之路。二是数字体验经济推进产业链各环节密切衔接。研发、生产、销售等流程数字化水平提升，产业链各环节之间的协同创新能力不断增强，合作共赢的产业生态持续完善。

第四节　全球数字体验经济发展环境

数字体验经济包含增强现实（VR）、虚拟现实（AR）、人工智能（AI）等领域，是未来经济结构转型的重要技术、产业高地。在第四次工业革命的浪潮当中，创新技术汹涌而来，而未来五年最突出的技术就是物联网、人工智能、虚拟现实、5G 等信息技术，数字体验经济也会随之汹涌而来。

一、全球数字体验经济环境

在信息技术的浪潮下，数字经济已成为全世界范围内的热点话题。经济合作与发展组织（OECD）、G20、联合国等组织一致认为数字经济是全球经济增长的新动力，数字化技术赋能各个产业，带动新兴产业发展，促进传统产业转型。数字创新正在推动产业变革，数字技术促进产品、服务等的变革与优化。

2016 年，杭州峰会通过《G20 数字经济发展与合作倡议》对数字经济概念进行了定义。2017 年，OECD 在《2017 年 OECD 数字经济展望》中指出，数字创新和新的商业模式推动了就业、贸易和其他领域的变革。2018年，在阿根廷 G20 峰会上，各国就新工业革命、数字经济测度、数字经济工作技能、缩小性别数字化鸿沟和数字政府五个议题展开讨论。

《2018 埃森哲中国消费者洞察——新消费　新力量》中指出，"体验至上"已成为现在消费的一大新趋势，消费者购物的目的不仅在于商品本身，更在于购买体验，既包括商品本身带来的体验，也包括从购买动机到完成下单甚至再购买的全流程消费体验。

二、我国数字体验经济环境

数字经济是一种加速重构经济发展与治理模式的新型经济形态。当前，我国数字经济发展已进入快车道，推进数字经济发展和数字化转型的政策不断深化和落地，使数字经济在国民经济中的地位进一步凸显。数字经济助推经济发展质量变革、效率变革、动力变革，增强了我国经济的创新力和竞争力。特别是在抗击新冠肺炎疫情中，数字经济发挥了不可替代的积极作用。

同时，从国家政策上看，自 2015 年我国提出"国家大数据战略"以来，推进数字经济发展和数字化转型的政策不断深化和落地（见表 4-1）。从 2017 年开始，数字经济已经连续四年被写入政府工作报告。同时，2020 年政府工作报告中明确提出，要继续出台支持政策，全面推进"互联网+"，打造数字经济新优势。

表 4-1　近年来我国数字经济行业重要政策汇总

时间	政策/会议	相关内容
2017 年 10 月	党的十九大报告	加强应用基础研究，拓展实施国家重大科技项目，突出关键共性技术、前沿引领技术、现代工程技术、颠覆性技术创新，为建设科技强国、质量强国、航天强国、网络强国、交通强国、数字中国、智慧社会提供有力支撑
2017 年 12 月	中共中央政治局第二次集体学习	推动实施国家大数据战略，加快完善数字基础设施，推进数据资源整合和开放共享，保障数据安全，加快建设数字中国

续表

时间	政策/会议	相关内容
2019 年 5 月	数字乡村发展战略纲要	将发展农村数字经济作为重点任务,加快建设农村信息基础设施,推进线上线下融合的现代农业,进一步发掘信息化在乡村振兴中的巨大潜力,促进农业全面升级、农村全面进步、农民全面发展
2019 年 8 月	国务院办公厅关于促进平台经济规范健康发展的指导意见	大力发展"互联网+生产"。适应产业升级需要,推动互联网平台与工业、农业生产深度融合,提升生产技术,提高创新服务能力,在实体经济中大力推广应用物联网、大数据,促进数字经济和数字产业发展,深入推进智能制造和服务型制造
2019 年 10 月	中共中央关于坚持和完善中国特色社会主义制度 推进国家治理体系和治理能力现代化若干重大问题的决定	推进数字政府建设,加强数据有序共享,依法保护个人信息
	国家数字经济创新发展试验区实施方案	在河北省(雄安新区)、浙江省、福建省、广东省、重庆市、四川省等启动国家数字经济创新发展试验区创建工作。通过 3 年左右探索,力争推动数字产业化和产业数字化取得显著成效
2020 年 3 月	工业和信息化部办公厅关于推动工业互联网加快发展的通知	深化工业互联网行业应用,促进企业上云上平台,同时加快工业互联网试点示范推广普及,推动工业互联网在更广范围、更深程度、更高水平上融合创新;加快工业互联网创新发展工程建设,深入实施"5G+工业互联网"512 工程,增强关键技术产品供给能力
	中小企业数字化赋能专项行动方案	加快发展在线办公、在线教育等新模式,培育壮大共享制造、个性化定制等服务型制造新业态,推动生产性服务水平;搭建供应链、产融对接等数字化平台,帮助企业打通供应链,对接融资链;强化网络、计算和安全等数字资源服务支撑,加强数据资源共享和开发利用;推动中小企业实现数字化管理和运营,提升智能制造和上云用云水平,促进产业集群数字化发展

续表

时间	政策/会议	相关内容
2020 年 4 月	中共中央 国务院关于构建更加完善的要素市场化配置体制机制的意见	将数据作为一种新型生产要素写入中央文件。提出加快培育数据要素市场，推进政府数据开放共享、提升社会数据资源价值、加强数据资源整合和安全保护
	关于推进"上云用数赋智"行动 培育新经济发展实施方案	大力培育数字经济新业态，深入推进企业数字化转型，打造数据供应链，以数据流引领物资流、人才流、技术流、资金流，形成产业链上下游和跨行业融合的数字化生态体系
2020 年 7 月	关于支持新业态新模式健康发展激活消费市场带动扩大就业的意见	积极探索线上服务新模式，激活消费新市场；加快推进产业数字化转型，壮大实体经济新动能；鼓励发展新个体经济，开辟消费和就业新空间；培育发展共享经济新业态，创造生产要素供给新方式
2021 年 3 月	中华人民共和国国民经济和社会发展第十四个五年规划和 2035 年远景目标纲要	新增数字经济核心产业增加值占 GDP 的比重等新经济指标。单独以数字经济为主题，打造数字经济新优势，内容包括：加强关键数字技术创新应用、加快推动数字产业化、推进产业数字化转型
2021 年 6 月	数字经济及其核心产业统计分类（2021）	从"数字产业化"和"产业数字化"两个方面，确定了数字经济的基本范围，将其分为数字产品制造业、数字产品服务业、数字技术应用业、数字要素驱动业、数字化效率提升业 5 大类

资料来源：中商产业研究院整理。

从各地政策来看，大部分政府均在 2020 年颁布了新的政策规划，仅有云南、吉林、河南、山西、四川、天津、安徽、广西、新疆和贵州未在 2020 年发布新的数字经济规划。从政策的侧重点来看，数字经济发展领先地区的政策已经从发展自身扩展至区域性发展，再拓展至带动型发展，如 2020 年 5 月江苏和宁夏联合发布的《2020 年江苏宁夏数字经济合作重点工作》。上海、浙江、广东等地已经开始规划数字经济的管理和监督框架，而内蒙古、新疆等地目前仍以基础设施建设为主。

第五章

乡村振兴的理论与实践

第一节　乡村价值的理论探讨

　　第二次世界大战结束后，经济学家就发展中国家乡村建设与发展在理论上进行过激烈讨论。以刘易斯（Lewis）为首的部分发展经济学家认为，发展中国家存在两个部门和两个区域，即生产效率低下的传统农业部门和生产效率高的现代工业部门，凋敝的农村和繁荣的城市。这种典型的二元经济结构在发展上要求采取工业和城市优先或者说工业主导农业、城市主导乡村的不平衡发展战略。在这一发展战略下，乡村建设与发展只不过是以一种被动式地满足工业部门和城市发展的方式进行。与 Lewis 观点比较接近的还有克鲁格曼（Krugman）的中心—外围模型。该模型认为，市场经济背景下商品、资本、人员、技术等要素完全以自由的方式流动，且它们首先向具有极化效应的地区流动。因而，这些地区发展得更快、更繁荣。相反，不具有极化效应的地区发展更慢、更落后，从而形成工业部门和城市处于经济区域发展的中心或者核心地带并起着主导经济发展的作用，农业部门和农村则处在经济区域的边缘，从属于中心地带的工业部门和城市的不对等的发展关系。这种关系不仅促使中心—外围经济形成，而且形成了中心主导外围的城乡不平衡发展。无论是刘易斯关于工业主导农业、城市主导农村的城乡不平衡发展的观点，还是克鲁格曼的中心—外围模型，其核心思想都是乡村建设与发展首先要服务于城市和工业需要，这是乡村应有的价值。这些理论对发展中国家乡村建设与发展的实践产生了重要影响。

早期的发展经济学和区域经济学关于乡村发展的理论突出了工业、农业两个部门和城市、乡村两个区域之间的被动发展和"极化"发展关系，并认为这是市场发展的结果，没有必要通过政府行为来纠正。但后来的学者通过对发展中国家的深入研究，尤其在看到发展中国家工业与农业、城乡发展差距对整体经济发展带来的负面影响后，强调政府应在缩小工业与农业两个部门、城市与乡村两个区域发展差距上发挥更大的作用，并提出了工业与农业、城市与乡村协调发展思想。例如，费景汉（Fei）和拉尼斯（Ranis）认为，农业在经济发展中不只如 Lewis 所说的那样消极地为工业部门提供劳动力，还积极地为工业部门和城镇提供剩余农产品。为保证工业化和城镇化的顺利发展，必须重视农业发展，重视农业劳动生产率的提高，以释放更多劳动力和提供更多农产品，要积极推动农业部门的建设与发展。此外，德国地理学家克里斯塔勒（Christaller）强调城市与农村、工业与农业协调互促的发展关系。他认为，一个国家要想在全国范围内取得广泛的经济增长，就需要在国家范围内建立起一个一体化的居落系统（Settlement System）。这个全国性的居落系统既包括城市，也包括农村。居落系统可以实现城市与农村、工业与农业间产品与服务的互相交换，从而推动全国性的市场交易顺利进行。①

第二节 乡村振兴的国际实践

一、美国

美国很早就开始进行乡村观光经济活动，并不断研发新农业生产技术，提升农业生产力。美国的乡村发展很大程度上与市场竞争有关，在城市化高度发展后，20 世纪 70 年代后期，为解决城市人口过于密集的问题，政府开始鼓励人们从城市走向城郊、乡村，也因此带起了乡村旅游产业。20 世纪 70 年代后期和 20 世纪 80 年代早期，旅游被视为美国乡村经济发展的手段之一，农民在进行传统农业生产的同时，也从事非传统的经济活动，如餐饮和乡村休闲活动。20 世纪 90 年代后期，由于城市居民由城市向乡村迁移，很多乡村地区经历了人口变化和增长，乡村游憩产业每年以 20% 的增长速度吸引长久居民、季节居民和游客。在乡村游憩产业发展的同时，乡村发展开始鼓励农业生产高附加值产品。1990 年，美国政府颁布《有机食品生产法》（*Organic Foods Production Act*，OFPA），针对有机产品建立国家标准。在相关政策与精致农业的发展下，2002～2007 年，相关农产品销售值平均以近 20% 的年增长率增长。据美国农业部统计，2008 年全美有机、精致农业销售总额约为 21.1 亿美元，2014 年则大幅增长到 280 亿美元。

---

① 北京清大文产规划设计研究院. 乡村振兴：理论、实践与措施［EB/OL］. https：//www. sohu. com/a/226736529_ 100125477.

综合而论，美国的乡村发展呈现双元化格局。一方面，尽管不同类别的游憩地区发展程度不同，乡村旅游和游憩发展仍是当地社会经济发展重点。乡村旅游和游憩的发展带来高就业增长率，可以留住较高比例的适龄工作居民，当地居民收入也随之提高。另一方面，通过种植高价值农作物，可以提高仍进行传统农产品生产的农民的收入。①

二、德国

德国乡村发展的主要目标包括强化粮食生产基地功能，保护环境生态，开发乡村地区特有财产与服务，解决乡村经济与社会问题，增加乡村地区的吸引力。德国政府为落实上述政策目标，把乡村永续发展作为乡村发展政策的基本理念。

鉴于以农业部门政策为主的传统乡村发展取向，已无法有效解决德国不同类型乡村地区的发展需求与问题，所以改用整合发展的观点来规划乡村发展，包括创造新的就业机会与所得来源，以农业经营活动来推动自然保护与景观维护工程，将地方手工业、中小企业、服务业与贸易商整合到乡村发展计划之中。因此，在乡村发展的政策规划上，德国以农村竞赛计划引导参赛小区，并在永续发展的理念下，根据小区本身具备的条件，提出农村小区发展或转型计划，提升乡村地区的生活质量。

从德国乡村发展政策可知，农村竞赛计划是德国推动乡村永续发展的重要机制之一。农村竞赛计划是由小区居民自行发起的改善当地生活质量的运动，同时通过农村社区自有的资源条件，分别从经济、社会与文化生活、村落建筑风格、绿色生态与环保、整体小区的景观塑造等层面考虑，

---

① 李谋监.发展体验式休闲农业推进乡村振兴之思路与实践［J］.海峡科学，2019（9）：49-55.

居民自行构思与执行小区的发展计划，实践未来的发展愿景，是小区永续发展不可或缺的要素。因此，农村竞赛制度在乡村发展议题上兼具整合发展与永续发展的双重功能。德国将整合乡村发展列为乡村政策的首要地位，整合乡村发展的基本精神，在于以公民参与作为发展的主体，主张由地方控制与管理资源的发展自主性，关切不同发展机构间、不同部门间及不同利害关系人间的联系与互动，如地方知识、信息与社会网络间的流动、协调与运作。在整合乡村发展的实务层面上，德国推动整合乡村发展计划时，主要采用土地重划与农村小区更新两大政策工具。两者的主要差异在于，农村小区更新强调乡村生活基础设施的营建，如乡村道路与小径、公共聚会场所与闲置空间活化利用等；土地重划则着重建造大型的农业生产区与农用道路，以改善农业企业的经营条件、降低农业机械化的成本、缩短农民工时。总体而言，德国农村小区更新可区分为加强小区基础建设、改善小区经济条件与生态环境、维持与活化小区精神三个层面①。

三、法国

1945～1975 年是法国历史上发展最快的一个时期，被称为"光辉 30 年"，在此期间，法国城市化率从 53.2% 迅速提高至 72.9%，也因此法国再度成为世界工业发达国家，跻身西方七大工业发达国家之列。但与之相伴随的是大量农民持续外迁，农村空心化、人口老龄化、城乡人口失衡等问题越来越严峻，乡村危机显现。因此，在此期间，法国积极推动乡村发展。

生态农业及"农业+"。1931 年，一些法国农民自发采用有机肥料，

---

① 李谋监.发展体验式休闲农业推进乡村振兴之思路与实践［J］.海峡科学，2019（9）：49-55.

提高土壤肥力，种植出高优质蛋白小麦，用来生产面粉和面包，生态农业雏形出现。1958 年，第一个生态农业组织（GAB）在法国西部诞生。1961 年，法国生态农业协会（AFAB）成立。1981 年，"生态农业"一词正式出现在法国法律中，此后法国政府先后制定了 20 余个生态农业标签的技术指标，并制定了生态农业法律和长期发展规划。在大力推广生态农业的基础上，因为法国乡村地广人稀，形成了天然的生态景观，法国的生态旅游也由此蓬勃发展。1955 年，南方议员欧贝尔创意性地提出可以在发展农业的同时发展旅游业。法国当时的休假制度形成了以周末旅游为主体的旅游需求，因而到附近乡村旅游成为主要旅游方式。农民除了种地外，还可以接待旅游者，增加收入。在 20 世纪 60 年代，法国乡村旅游已经初具规模。法国乡村旅游主要包括农场客栈、点心农场、农产品农场、骑马农场、教学农场、探索农场、狩猎农场、暂住农场、露营农场等类型，从 2005 年开始，法国乡村旅游每年接待的游客达 3500 多万人次，每年为法国带来 200 多亿欧元的经济收入。

国土整治。为缩小东部工业城市和西部农业乡村差距，法国于 1955 年颁布了《国土整治令》，正式实施以"均衡化"为目标的国土整治运动，该运动主要针对因工业化、城市化带来的人口过分向大城市集中和发展不均衡问题。"国土整治"即通过国家相关的法律法规支持经济欠发达地区乡村发展，实现农村社会资源的优化配置，旨在解决区域发展不平衡问题，也包括山地、河流和海岸的治理以及生态环境的保护等。在实施"国土整治"的过程中，法国成立了"国土整治与地区行动代表处"作为领导机构，运用城市总体规划和土地利用计划来指导城乡土地利用，优先保证各类绿地、开放空间、农场牧场、村庄的建设规模，以及农房高度边界和绿色边界，保持乡村形态和自然景观的原始延续。同时，法国政府大量建设各类保护区，特别是分布在各地的大区级自然保护区，在保护自然遗产的同时，重点保护作为文化遗产的村落，并在保护中发展村镇经济，避免城市化引起的乡村衰落。在国土整治的 20 年期间，法国国土整治运动成效显著。据统计，到 1975 年，法国共有约 750 万人从东部发达城市地区迁往西部相对落后的农村地区，这极大地推动了西部地区的工业化、城镇化进程，也带动了乡村地区基础设施的快速建设，城乡居民的生活水平差距显著缩小。①

四、荷兰

荷兰国土面积约为 42000 平方千米，全境为低地，1/5 土地属于围海造田。"二战"后，农业机械化、集约化、专业化水平的提高，对荷兰传统的农村景观产生巨大冲击。为了适应大规模的农业机械生产，20 世纪初，荷兰政府在乡村地区开始了较大规模的土地整理。

1924 年，荷兰政府颁布了第一部《土地整理法》，主要目的是改善农业的土地利用，促进农业的发展，通过土地置换等方式，使不同土地所有者的土地相对集中，规整划一。

1938 年，荷兰政府颁布了第二部《土地整理法》，通过简化手续，并给予财政补助，提高了土地整理项目的可操作性。

1954 年，荷兰政府颁布了第三部《土地整理法》，明确规定允许预留出 5% 的土地服务于除了农业生产之外的其他目的，如自然保护、休闲娱乐、村庄改造、景观改善等。乡村景观规划自此在荷兰获得法律地位。

1965 年，荷兰政府颁布了《空间规划法》，对乡村社会的农地整理作

---

① 汪明煜，周应恒. 法国乡村发展经验及对中国乡村振兴的启示 [J]. 世界农业，2021 (4)：65-72.

了详细的规定，明确乡村的每一块土地使用都必须符合法案条文。

1970 年以后，荷兰政府重新审视了农地整理目标，通过更加科学合理的规划和管理，避免和减少农地利用的碎片化现象，实现农地经营的规模化和完整性。

1985 年，荷兰政府颁布了《土地开发法》，要求"拓展乡村发展目标、协调与其他物质规划的关系、购买土地用于非农目标、优化决策过程、完善地区管理体系"。相比过往农业优先的规划，娱乐、自然和历史景观保护被置于与农业生产同等重要的地位。

近年来，荷兰乡村建设的目标随着社会发展变得更加广泛，乡村整治任务变得越来越全面。2007 年的《土地使用法案》更加注重解决私人与政府合作开发土地过程中涉及的成本和收益问题。

纵观荷兰乡村发展历程，荷兰政府通过对乡村的精耕细作、多重精简利用，获得了规模化和专业化的经济社会效益，既促进了农村经济的发展、保护了乡村地区的自然生态环境，也达到了村庄城市化、可持续性发展的目的。

五、瑞士

瑞士国土面积小，丘陵山地多于平原，耕地面积有限，农业规模小且成本高，农业人口在总人口中占比很低。多年来，瑞士通过营造优美的环境、特色的乡村风貌以及便利的基础设施来实现农村社会的增值发展。瑞士全国各地乡村包括偏僻小村普遍整洁有序、环境优美，邮政电信服务和道路交通网等基础设施全面覆盖，堪称舒适宜居。

保护乡村风光。瑞士十分重视天然的乡村风光保护。瑞士现行的环境保护制度包含了大多数高山植物、动物、林业及矿石开采等方面。在垃圾治理上，一方面，对垃圾进行严格的分类处理，在小镇内设立资源收集中心；另一方面，由政府制定严格的制度来进行管理，凡是违反规定的居民将会面临巨额罚款。同时，瑞士推广生态建筑，将建筑设计融入周边生态环境中，每个乡村小镇都尽可能多维度地展示地貌特色和生态特色。在保留原始自然风貌的基础上，环保、绿色、舒适成为建造小镇的标准。

完善基础设施。完善基础设施是瑞士农业农村发展的第一要务，瑞士政府通过立法来保障和督促联邦政府和州政府落实执行，重点是道路交通运输、水电供应和电信服务等，包括定期维护、翻新和扩建基础设施；保障山区丘陵地带、夏季牧场以及特殊农作物区和农业企业的水电供应，以及未开发或开发不足地区的电信服务。通过政府财政拨款和民间自筹资金等方式，完善农村学校、医院、天然气管道和交通等公共服务体系。

发展生态产业。瑞士小镇通常围绕一个重点产业，不断完善产业生态链。例如，位于阿尔卑斯地区的洛伊克巴德小镇，这个小镇最初只是以温泉胜地而闻名，后来围绕温泉资源，不断引入温泉疗养、滑雪等业态，持续发展保健疗养产业、旅游产业、度假产业，并不断延伸温泉产业链条。目前，洛伊克巴德小镇已是瑞士最大和全球知名的温泉疗养地。

六、西班牙

世界上最早将农业种植与旅游业结合，发展乡村旅游的国家就是西班牙。20 世纪 90 年代，为应对全球化的冲击，西班牙政府部门开始重点发展乡村经济，对乡村地区基础设施建设进行完善。政府对乡村旅游的发展给予了政策上的支持，比如大力减免税收、增加补贴、给予低息投资贷款等，包括给予 50 年以上历史的具有乡村特色的老房子财政补贴；给予 10

年长期贷款支持。这些资金主要用于改善乡村旅游地区的基础设施设备，建设完善的旅游设备，提升乡村旅游服务质量，从而吸引更多游客。

在政策的支持和引导下，西班牙将乡村的一些城堡改造为饭店，把大农场、庄园进行规划建设，提供徒步旅游、骑马、滑翔、登山、农事体验等项目，发掘了斗牛、奔牛、番茄大战等农业特色化、创意化娱乐项目，使全国4%的农业人口创造的农业旅游产值超过了海滨旅游，成为西班牙旅游收入中的重要组成部分。

据西班牙国家统计局数据，2008～2018年，西班牙乡村旅店接待本国游客数量从每年236.1万人次增加到337.8万人次，接待外国游客数量从每年26.2万人次增加到87.3万人次。

七、日本

日本在20世纪60年代通过国土开发计划等综合手段提升乡村发展价值并促进乡村振兴。例如，1962年，日本制订了第一次全国综合开发计划；1977年，在第三次全国综合开发计划中进一步提出调整工业布局，大力发展中小城市，开发落后地区。除此之外，为推动乡村产业发展，日本政府不断加大对乡村的财政投入。在1967～1979年第二次新农村建设期间，日本政府加大了"补助金农政"的实施力度。紧接着日本于1979年开始推动"一村一品"运动，即要求每一个地方的乡村根据自身条件和优势，发展一种或几种有特色、在一定的销售半径内名列前茅的拳头产品。由于这些产品实行了错位竞争战略，大大提高了各村的竞争优势，促进了乡村的持续发展。

日本于1999年将实施了30多年的《农业基本法》修改为《食料、农业、农村基本法》，倡导农业的多重功能，包括国土保安、水源涵养、自然环境保护、良好景观形成及文化传承等非生产性新价值，并且在该法的第三十六条明确了都市与农村交流的必要性。2000 年，日本制订了《食料、农业、农村基本计划》，在第三条第三款有关农村振兴的措施中，把城市和农村交流定为重要项目，并指出农村停留型的休闲活动（绿色旅游）的推进，是通过农产品产地直销的契机去促进农村体验，进而整备场地、设施来确保城市和农村交流的机会。

在完备的法令和政策的支持下，日本于 2001 年 4 月将"农林渔业体验协会"、"故乡情报中心"、"21 世纪小区活性化私塾"等机构合并为"财团法人都市农山渔村交流活性化机构"，专门负责执行农林渔业体验民宿的登录制度，培育农林渔业体验指导者、解说员、经营人才及农业休闲与体验活动的推广，并以城乡交流活性化和提升乡村生活质量为最终目的。综上所述，将绿色旅游与农业体验民宿结合成为新的城乡交流模式，也是乡村振兴（活性化）的典范。

八、韩国

自 20 世纪 60 年代起，韩国创造了闻名遐迩的"汉江奇迹"，实现了经济腾飞。但在当时，韩国农业人口众多，农民约占总人口的 70%，城乡经济发展出现了严重失衡，农业一度处于崩溃的边缘。20 世纪 70 年代初，韩国政府开始在全国开展"新村运动"以解决城乡发展不均衡问题。"新村运动"伊始，韩国政府设计规划多项工程，用以改善农村的基础设施和农村生活环境，比如建设乡村公路、桥梁、新农村会馆以及其他公共服务设施。韩国政府为建设中的项目免费提供钢筋和水泥。随着"新村运动"的不断深入，基础设施的完善极大提高了村民的生活水平。针对村庄执行的差异，韩国政府实行奖勤、扶勤的支持政策。1971 ~ 1978 年，在政策的引导下,不爱劳动的基础村消失了,人们在奖勤罚懒的体制下培养了勤劳品德。20 世纪 70 年代末,"新村运动"达到了预期目标后,政府的行政领导逐步退出,村民的自治力量开始兴起。全国各地以行政村为单位自发组织了开发委员会主导新村运动。回顾韩国"新村运动"的发展历程,韩国坚定不移地以政府支援项目来激发农民建设家园的热情,同时以勤勉、自立、协同的精神,推进人民的道德建设,推进农业现代化。

进入 21 世纪后,韩国农业农村问题发生了重大变化,由工业化和城市化导致的农村空心化、少子老龄化等问题日益严重。为应对新的社会危机,韩国政府于 2013 年颁布实施了《第一个农村振兴基本计划(2013—2017 年)》,由此拉开了乡村振兴的序幕,现在韩国已进入第二个五年计划(2018—2022 年)实施阶段。韩国农村振兴厅在《第一个农村振兴基本计划(2013—2017 年)》中提出了"治愈农业"一词,着重强调农业的治愈功能,并将其定义为"利用农业农村资源及其相关活动和产品服务,为国民提供精神、身体、认知、社会等方面治愈功能的产业与活动"。治愈农业作为乡村振兴的内容之一成为韩国政府的重点推介对象。《第二个农村振兴基本计划(2018—2022 年)》颁布实施后,韩国政府加大了对治愈农业的投入力度,加强长期规划,不仅要求建造一批具有真正农村意义的体验型治愈农场和教育农场,还要求推广以预防为主的治愈农业菜单和专家培育型教育项目。2018 年 9 月,韩国政府修订了《农业农村及食品产业基本法》第 43 条第 2 项中"治愈农业振兴"的内容。2019 年 3 月,韩国政府召开了《治愈农业研究开发及培育相关法案》的立法听证会,探讨如何推动治愈农业规范化发展。从发展成效上看,韩国治愈农业不仅能提升弱势群体珍惜生命和尊重他人的意识,还能延长农产品生产消费链、引导年轻人从事农业生产、扩大新兴农产品市场、创造就业岗位等,为农村居民增收的同时为参与者提供治愈服务。

第三节　乡村振兴的中国实践
——新时代背景下

一、乡村振兴战略的提出背景

（一）现实背景：新时代农村发展现状

自改革开放之后，"三农"一直是党和国家工作的重点。党的十八大召开以后，习近平总书记在很多重要场合与会议中提及农业部门，足以看出现阶段我国对于乡村农业的重视。习近平总书记更是把农民的利益当作最重要的事情，一直关心"三农"问题，并且心系乡村农业事业的发展。

在不断努力下，我国农业部门取得了很好的成绩。首先，我们改变了以往的农业生产方式，引进了先进的农业技术，提高了农产品的质量与产量，并且培育出了具有代表性的农产品，在整个世界上都享有盛誉。其次，我们改变了以往单一的农产品结构，在农作物生产上，以农作物为主，以多样化的经济作物为辅，这一改变也帮助农民提高了自身收益。最后，在新农村的建设方面取得了很大的成就，随着农业的发展，国民基本实现小康生活，更加注重精神文明建设，创建美丽乡村。

但是，受经济与观念两方面的影响，我国"三农"在实际发展过程中，还是存在一些问题。首先，农业生产方式不够超前，部分土地还没有得到充分的利用，农业与自然资源之间还存在矛盾，农产品的营销方式还比较落后，农产品的运营机制也较为单一。其次，各个区域农民收入不均衡，存在较大差异，农村老人与儿童较多，缺少青壮年劳动力。最后，农村陈旧观念仍然存在，在一定程度上阻碍了新农村建设的发展。

（二）理论背景："三农"思想的历史沿袭

新中国成立以后，毛泽东同志深入研究了"三农"问题，在《论十大关系》中，强调了农业的重要性，并且带领国人进入农业合作化道路。邓小平同志也对农业进行了研究，并且提出家庭联产承包责任制是农业的一个创新，而且他坚持一切都从实际出发，按照我国国情，带领大家走中国特色农业现代化道路。江泽民同志也十分看重农业，并且结合中国特色社会主义建设，把"三农"问题以一个整体来考虑。胡锦涛同志坚持用科学发展观来指引"三农"的发展方向，并且提出了"两个趋向"。习近平总书记因为自己独特的经历，所以一直心系"三农"。历届国家领导人都十分看重我国农业的发展，并且根据不同时期，都提出了促进"三农"发展的重要理论。

二、乡村振兴战略的政策体系

2017年10月18日，习近平总书记在党的十九大报告中提出乡村振兴战略。党的十九大报告指出，农业农村农民问题是关系国计民生的根本性问题，必须始终把解决好"三农"问题作为全党工作的重中之重，实施乡村振兴战略。

2017年12月29日，中央农村经济工作会议中首次提出走中国特色社会主义乡村振兴道路，并提出了乡村振兴"七条路径"，制定了乡村振兴"总路线图"，以及"三步走"时间表。

2018年1月2日，《中共中央　国务院关于实施乡村振兴战略的意见》印发。该意见围绕实施乡村振兴战略定方向、定思路、定任务、定政策，坚持问题导向，对统筹推进农村经济建设、政治建设、文化建设、社会建设、生态文明建设和党的建设作出全面部署。

2018年3月5日，国务院总理李克强在政府工作报告中提到，大力实施乡村振兴战略。

2018年5月31日，中共中央政治局召开会议，审议《乡村振兴战略规划（2018—2022年）》。

2018年9月21日，中共中央政治局就实施乡村振兴战略进行第八次集体学习。习近平总书记强调，把乡村振兴战略作为新时代"三农"工作总抓手，促进农业全面升级、农村全面进步、农民全面发展。

2018年9月26日，中共中央、国务院印发了《乡村振兴战略规划（2018—2022年）》，并发出通知，要求各地区各部门结合实际认真贯彻落实。《乡村振兴战略规划（2018—2022年）》是我国出台的第一个全面推进乡村振兴战略的五年规划，从整体上规划了乡村振兴的战略方案，围绕"三农"工作，根据总的要求进行了具体的规划，部署了一系列相关的工程计划。

2018年9月30日，农业农村部办公厅印发了《乡村振兴科技支撑行动实施方案》，提出将打造1000个乡村振兴科技引领示范村（镇）。

2019年6月17日，国务院印发了《关于促进乡村产业振兴的指导意见》。该意见指出，要坚持农业农村优先发展总方针，以实施乡村振兴战略为总抓手，以农业供给侧结构性改革为主线，围绕农村一二三产业融合发展，与脱贫攻坚有效衔接、与城镇化联动推进，聚焦重点产业，聚集资源要素，强化创新引领，突出集群成链，培育发展新动能，加快构建现代农业产业体系、生产体系和经营体系，推动形成城乡融合发展格局，为农业农村现代化奠定坚实基础。

2019 年 5 月 29 日，自然资源部办公厅印发《关于加强村庄规划促进乡村振兴的通知》，指导各地做好"多规合一"的实用性村庄规划工作，促进乡村振兴。

2020 年 7 月 9 日，农业农村部印发《全国乡村产业发展规划（2020—2025 年）》。该规划中指出，产业兴旺是乡村振兴的重点，是解决农村一切问题的前提。乡村产业内涵丰富、类型多样，农产品加工业提升农业价值，乡村特色产业拓宽产业门类，休闲农业拓展农业功能，乡村新型服务业丰富业态类型，是提升农业、繁荣农村、富裕农民的产业。乡村休闲旅游业是农业功能拓展、乡村价值发掘、业态类型创新的新产业，横跨一二三产业、兼容生产生活生态、融通工农城乡，发展前景广阔。

2021 年 1 月 4 日，《中共中央　国务院关于全面推进乡村振兴加快农业农村现代化的意见》中明确提出，要加快推进农业现代化，大力实施乡村建设行动。

2021 年 2 月 23 日，中共中央办公厅、国务院办公厅印发了《关于加快推进乡村人才振兴的意见》。该意见提出，到 2025 年，乡村人才振兴制度框架和政策体系基本形成，乡村振兴各领域人才规模不断壮大、素质稳步提升、结构持续优化，各类人才支持服务乡村格局基本形成，乡村人才初步满足实施乡村振兴战略基本需要。

2021 年 2 月 25 日，国务院直属机构国家乡村振兴局正式挂牌。这既是我国脱贫攻坚战取得全面胜利的一个标志，也是全面实施乡村振兴，奔向新生活、新奋斗的起点。

2021 年 3 月 12 日，《中华人民共和国国民经济和社会发展第十四个五年规划和 2035 年远景目标纲要》发布。文件中提出了乡村振兴的"十四五"远景目标纲要，其中包含"提高农业质量效益和竞争力"、"实施乡村建设行动"、"健全城乡融合发展体制机制"、"实现巩固拓展脱贫攻坚成果同乡村振兴有效衔接"。

2021年3月22日，中共中央、国务院发布《关于实现巩固拓展脱贫攻坚成果同乡村振兴有效衔接的意见》，文件指出，将通过六大方面共24项措施推进脱贫攻坚成果与乡村振兴有效衔接，计划到2035年，脱贫地区经济实力显著增强，农村低收入人口生活水平显著提高，城乡差距进一步缩小，在促进全体人民共同富裕上取得更为明显的实质性进展。同时，文件政策规划中还指出了乡村振兴未来相关帮扶政策制定的方向和重点，在产业规划中主要阐明了乡村振兴中的产业发展规划。

2021年4月29日，十三届全国人大常委会第二十八次会议表决通过《中华人民共和国乡村振兴促进法》。这是我国第一部直接以"乡村振兴"命名的法律，填补了我国乡村振兴领域立法上的空白，标志着乡村振兴战略迈入有法可依、依法实施的新阶段。

三、乡村振兴战略的总体要求

2019年3月8日，习近平总书记参加十三届全国人大二次会议河南代表团审议。习近平总书记强调，实施乡村振兴战略的总目标是农业农村现代化，总方针是坚持农业农村优先发展，总要求是产业兴旺、生态宜居、乡风文明、治理有效、生活富裕，制度保障是建立健全城乡融合发展体制机制和政策体系。

四、乡村振兴战略的逻辑体系

2018年1月，《中共中央 国务院关于实施乡村振兴战略的意见》指出：

（1）乡村振兴，产业兴旺是重点。必须坚持质量兴农、绿色兴农，以农业供给侧结构性改革为主线，加快构建现代农业产业体系、生产体系、经营体系，提高农业创新力、竞争力和全要素生产率，加快实现由农业大国向农业强国转变。

（2）乡村振兴，生态宜居是关键。良好生态环境是农村最大优势和宝贵财富。实现乡村振兴必须尊重自然、顺应自然、保护自然，推动乡村自然资本加快增值，实现百姓富、生态美的统一。

（3）乡村振兴，乡风文明是保障。坚持物质文明和精神文明一起抓，提升农民精神风貌，培育文明乡风、良好家风、淳朴民风，不断提高乡村社会文明程度。

（4）乡村振兴，治理有效是基础。必须把夯实基层基础作为固本之策，建立健全党委领导、政府负责、社会协同、公众参与、法治保障的现代乡村社会治理体制，坚持自治、法治、德治相结合，确保乡村社会充满活力、和谐有序。

（5）乡村振兴，生活富裕是根本。要坚持人人尽责、人人享有，按照抓重点、补短板、强弱项的要求，围绕农民群众最关心、最直接、最现实的利益问题，一件事情接着一件事情办，一年接着一年干，把乡村建设成为幸福美丽新家园。

五、乡村振兴战略的实现路径

实施乡村振兴战略，关键就是走中国特色社会主义乡村振兴道路。走什么样的中国特色社会主义乡村振兴道路？2017年12月，中央农村工作会议明确提出：一是必须重塑城乡关系，走城乡融合发展之路；二是必须巩固和完善农村基本经营制度，走共同富裕之路；三是必须深化农业供给侧结构性改革，走质量兴农之路；四是必须坚持人与自然和谐共生，走乡村绿色发展之路；五是必须传承发展提升农耕文明，走乡村文化兴盛之路；六是必须创新乡村治理体系，走乡村善治之路；七是必须打好精准脱贫攻坚战，走中国特色减贫之路。

这"七条道路"，明确了实施乡村振兴战略的目标路径，构成了中国特色社会主义乡村振兴道路的具体内涵。

六、乡村振兴战略的重要意义

一是实施乡村振兴战略是建设现代化经济体系的重要基础。农业是国民经济的基础，农村经济是现代化经济体系的重要组成部分。乡村振兴，产业兴旺是重点。实施乡村振兴战略，深化农业供给侧结构性改革，构建现代农业产业体系、生产体系、经营体系，实现农村一二三产业深度融合发展，有利于推动农业从增产导向转向提质导向，增强我国农业创新力和竞争力，为建设现代化经济体系奠定坚实基础。

二是实施乡村振兴战略是建设美丽中国的关键举措。农业是生态产品的重要供给者，乡村是生态涵养的主体区，生态是乡村最大的发展优势。乡村振兴，生态宜居是关键。实施乡村振兴战略，统筹山水林田湖草系统治理，加快推行乡村绿色发展方式，加强农村人居环境整治，有利于构建人与自然和谐共生的乡村发展新格局，实现百姓富、生态美的统一。

三是实施乡村振兴战略是传承中华优秀传统文化的有效途径。中华文明根植于农耕文化，乡村是中华文明的基本载体。乡村振兴，乡风文明是保障。实施乡村振兴战略，深入挖掘农耕文化蕴含的优秀思想观念、人文精神、道德规范，结合时代要求在保护传承的基础上创造性转化、创新性发展，有利于在新时代焕发出乡风文明的新气象，进一步丰富和传承中华优秀传统文化。

四是实施乡村振兴战略是健全现代社会治理格局的固本之策。社会治理的基础在基层，薄弱环节在乡村。乡村振兴，治理有效是基础。实施乡村振兴战略，加强农村基层基础工作，健全乡村治理体系，确保广大农民安居乐业、农村社会安定有序，有利于打造共建共治共享的现代社会治理格局，推进国家治理体系和治理能力现代化。

五是实施乡村振兴战略是实现全体人民共同富裕的必然选择。农业强不强、农村美不美、农民富不富，关乎亿万农民的获得感、幸福感、安全感，关乎全面建成小康社会全局。乡村振兴，生活富裕是根本。实施乡村振兴战略，不断拓宽农民增收渠道，全面改善农村生产生活条件，促进社会公平正义，有利于增进农民福祉，让亿万农民走上共同富裕的道路，汇聚起建设社会主义现代化强国的磅礴力量。

第四节　乡村振兴的中国实践
——数字经济时代

一、数字乡村的提出

数字乡村是伴随网络化、信息化和数字化在农业农村经济社会发展中的应用，以及农民现代信息技能的提高而内生的农业农村现代化发展和转型进程。建设数字乡村不仅是乡村振兴的战略方向，而且是建设数字中国的重要内容。

"数字乡村"最早是由广东省科技厅发起，依托广东农村信息直通车工程信息服务平台"三农直通车"的三农信息资源库，将涵盖乡村基础设施、农村经济、特色产业、人口卫生、文化教育、基层组织等多个方面的信息数据资源进行有效融合，建立起覆盖全省，连接省、市、县、乡、村的"数字乡村"信息网络平台。

"乡村兴则国家兴"。建设数字乡村既是乡村振兴的战略方向，也是建设数字中国的重要内容。党的十八大以来，中央高度重视农村信息化建设。党的十九大作出建设网络强国、数字中国、智慧社会的战略决策。中共中央、国务院印发的《乡村振兴战略规划（2018—2022年）》提出"实施数字乡村战略"，描绘了数字乡村建设的蓝图。2019年，《中共中央 国务院关于坚持农业农村优先发展做好"三农"工作的若干意见》提出，实施数字乡村战略。深入推进"互联网+农业"，扩大农业物联网示范应用。推进重要农产品全产业链大数据建设，加强国家数字农业农村系统建设。继续开展电子商务进农村综合示范，实施"互联网+"农产品出村进城工程。全面推进信息进村入户，依托"互联网+"推动公共服务向农村延伸。《中华人民共和国国民经济和社会发展第十四个五年规划和2035年远景目标纲要》强调要建设智慧城市和数字乡村。2021年中央一号文件《中共中央 国务院关于坚持农业农村优先发展做好"三农"工作的若干意见》提出，要实施数字乡村建设发展工程。

二、数字乡村相关政策

（一）《数字乡村发展战略纲要》

2019年，中共中央办公厅、国务院办公厅印发《数字乡村发展战略纲要》（以下简称《纲要》）。《纲要》中提出，到21世纪中叶，全面建成数字乡村，助力乡村全面振兴，全面实现农业强、农村美、农民富。《纲要》明确了加快乡村基础设施建设、发展农村数字经济、建设智慧绿色乡村、繁荣发展乡村网络文化、推动网络扶贫、统筹城乡信息化融合发展等十大项重点任务，涵盖创新农村流通服务体系、提升乡村生态保护信息化水平、加强农村网络文化阵地建设、统筹发展数字乡村与智慧城市、分类推进数字乡村建设等近三十项具体任务。《纲要》中还提出，要积极发展乡村新业态。推动互联网与特色农业深度融合，发展创意农业、认养农业、观光农业、都市农业等新业态，促进游憩休闲、健康养生、创意民宿等新产业发展，规范有序发展乡村共享经济。

统筹发展数字乡村与智慧城市。强化一体设计、同步实施、协同并进、融合创新，促进城乡生产、生活、生态空间的数字化、网络化、智能化发展，加快形成共建共享、互联互通、各具特色、交相辉映的数字城乡融合发展格局。鼓励有条件的小城镇规划先行，因地制宜发展"互联网+"特色主导产业，打造感知体验、智慧应用、要素集聚、融合创新的"互联网+"产业生态圈，辐射和带动乡村创业创新。

分类推进数字乡村建设。引导集聚提升类村庄全面深化网络信息技术应用，培育乡村新业态。引导城郊融合类村庄发展数字经济，不断满足城乡居民消费需求。引导特色保护类村庄发掘独特资源，建设互联网特色乡村。引导搬迁撤并类村庄完善网络设施和信息服务，避免形成新的"数字鸿沟"。

（二）《数字农业农村发展规划（2019—2025 年）》

2019 年，农业农村部、中央网络安全和信息化委员会办公室联合印发了《数字农业农村发展规划（2019—2025 年）》（以下简称《规划》），以指导今后一个时期数字农业农村建设。《规划》提出要以产业数字化、数字产业化为发展主线，以数字技术与农业农村经济深度融合为主攻方向，以数据为关键生产要素，着力建设基础数据资源体系，加强数字生产能力建设，加快农业农村生产经营、管理服务数字化改造，强化关键技术装备创新和重大工程设施建设，推动政府信息系统和公共数据互联开放共享，全面提升农业农村生产智能化、经营网络化、管理高效化、服务便捷化水平，用数字化引领驱动农业农村现代化，为实现乡村全面振兴提供有力支撑。

（三）《关于开展国家数字乡村试点工作的通知》

2020 年，中央网信办等七部门联合印发《关于开展国家数字乡村试点工作的通知》（以下简称《通知》），开展国家数字乡村试点工作。《通知》指出，数字乡村既是乡村振兴的战略方向，也是建设数字中国的重要内容。开展数字乡村试点是深入实施乡村振兴战略的具体行动，是推动农业农村现代化的有力抓手，也是释放数字红利、催生乡村发展内生动力的重要举措。

《通知》主要内容包括七个方面：一是开展数字乡村整体规划设计。二是完善乡村新一代信息基础设施。三是探索乡村数字经济新业态。四是探索乡村数字治理新模式。五是完善"三农"信息服务体系。六是完善设施资源整合共享机制。七是探索数字乡村可持续发展机制。

三、数字乡村重要意义

一是缩小城乡发展差距。我国地域辽阔，社会经济发展中最大的不平衡是城乡发展不平衡，最大的不充分是农村发展不充分，其中信息流通慢是农村发展不充分的重要因素之一。数字乡村能够提升 5.77 亿农村居民获取、应用数字技术的能力，能够有效"填平"城乡之间的"数字鸿沟"，推动城乡信息流、商流、物流自由流动，让农村居民更便捷地获得生产生活服务，让城镇居民更便捷地获得农村商品和服务。

二是提高农业产业效率。作为一种融合性的经济，数字经济能够赋能农业产业，通过数字技术，推动涉农产业重组产业组织系统，升级产业链条，提高农业的能级和效率，促进农业、农村高质量发展。

三是促进乡村全面振兴。数字乡村以生产智能化为基础，能够有效解决目前乡村劳动力供给不足、农产品滞销、防灾减灾机制缺乏、农业耕种不合理等问题，推动土地、资本、劳动力等传统要素发挥新活力，释放大数据等新要素资源作用，让农民充分享受数字化带来的发展红利。

四、数字乡村建设成效

根据国家互联网信息办公室的数据，我国农村信息基础设施进一步得到完善，2020 年，全国范围内行政村通光纤和 4G 的比例双双超过 98%；农村网民规模达到 3.09 亿，农村地区互联网普及率在 2020 年底达到 55.9%，全国 832 个国家级贫困县网络零售总额达到 3014 亿元，同比增长 26%。

农村网络基础设施得到进一步完善。工信部、财政部组织实施了六批电信普遍服务，当前，已经在全国农村部署了 4G 基站 1.37 万个，广电总局持续加大农村广播电视覆盖工作，农村直播的卫星用户已经达到 1.46 亿户。

数字经济拓展乡村发展空间。互联网与特色农业深度融合形势下，创意农业、认养农业、观光农业、都市农业、游憩休闲、健康养生、创意民宿等新业态新产业不断涌现。2020 年，农村电商突破 1300 万家，农产品、农村工艺品、农村景点景区等线上线下一体化进程不断加快。同时，数字化改革推动农村教育、乡村治理等农业农村各个领域创新发展。

信息技术带动农业生产数字化转型。智慧农业将遥感网、传感网、大数据、云计算、人工智能等现代信息技术以及智能装备、智能机器人等，深入应用到农业生产、加工、经营、管理和服务等全产业链环节，实现精准化种植、互联网化销售、智能化决策和社会化服务，形成以数字化、自动化、精准化和智能化为基本特征的现代农业发展形态。

第六章

乡村振兴的主要模式

第一节　产业振兴型

一、工业带动型

工业带动型村庄原本就有工业产业基础，此类村庄在强化现有产业基础的同时，依托工业产业推动本村农业发展，并不断提升村庄基础设施、人居环境建设、公共服务设施等建设，以此实现乡村振兴。

代表案例：江苏省张家港市南丰镇永联村

永联村位于张家港市东部，村域面积 12 平方千米，村民 11761 人，在全国 64 万多个行政村中，经济总量和综合实力位居前三。永联村是江苏省乡村发展最具代表的乡村之一，在全国"美丽乡村"首批创建试点村中被称为"华夏第一钢村"。永联村曾是张家港市面积最小、人口最少、经济最落后的村。改革开放期间，村领导组织村民挖塘养鱼、开办企业，陆续办起了水泥预制品厂、家具厂、枕套厂等七八个小工厂以及村集体轧钢厂。其中，村办企业永钢集团已经形成了钢铁、重工、物流、金融、建设、旅游 6 个产业板块。

随着集体经济实力的壮大,永联村以工业反哺农业,强化农业产业化经营。2000 年,永联村投资实施"富民福民工程",成立了"永联苗木公司",将全村 4700 亩可耕地全部实行流转,对土地进行集约化经营。永联村利用 2 万人外来流动人口的优势条件,鼓励和引导村民发展餐饮、娱乐、房屋出租等服务业。2018 年,永联村实现村级可用财力 1.65 亿元,村民人均纯收入达 5.8 万元。

二、三产带动型

三产带动型主要是一些具有独特的生态景观优势、独一无二的特色文化资源或者其他优势吸引物的村庄,此类村庄通常凭借其旅游资源发展旅游业,凭借旅游产业的带动作用,发展周边相关产业,如休闲农业、餐饮住宿、旅游商品等,并带动整个村庄建设。

代表案例 1:河南省洛阳市孟津县平乐镇平乐村

平乐村地处汉魏故城遗址,因公元 62 年东汉明帝为迎接大汉图腾筑"平乐观"得名。平乐村自古就有种牡丹、爱牡丹、画牡丹的风尚,老少妇孺几乎都会提笔画牡丹,被誉为"中国牡丹画第一村"。近年来,随着洛阳牡丹文化影响力不断提升,外地观光者在欣赏洛阳牡丹芳姿的同时,对极具特色的牡丹画也爱不释手,平乐村牡丹画创作队伍不断扩大,农民画家已发展到 800 多人。因此,平乐村大力发展以牡丹画为主题的农民绘画产业,成立了牡丹画院,建设了平乐牡丹画创意园区,打造形成了一条集培训、绘画、装裱、销售、接待、外联于一体的产业链,解决了村民的就业问题,带动了村民致富和乡村人居环境建设,形成了一种独特的乡村振兴模式。

代表案例 2：江西省婺源县江湾镇

江湾镇位于婺源县东部，距县城 28 千米，距风景名胜区黄山 96 千米。江湾镇始建于隋末唐初，徽州文化底蕴丰厚，是婺源为数不多的千年古镇之一。从宋至清，江湾涌现状元、进士、仕宦 38 人，文人学士 19 人，传世著作 92 部，其中 15 部 16 卷选入《四库全书》。江湾镇有三省堂、敦崇堂、培心堂等众多保存尚好的明清官邸、徽派商宅，还有一批古建筑，古村古风古韵，极具历史价值和观赏价值。江湾镇的徽派建筑三雕（木雕、砖雕、石雕）与歙砚制作技艺已经入选国家首批非物质文化遗产，"婺源（江湾）豆腐架"入选江西省第三批非物质文化遗产。依托历史文化资源，江湾镇大力发展乡村旅游，2002 年，江湾镇政府先后投资 3600 万元成立江湾旅游公司。当前，江湾打造形成了"一河、两岸、三中心、三功能区"的旅游综合体格局，江湾已经被评为国家 5A 级景区、国家级文化与生态旅游景区。

三、特色农业带动型

特色农业带动型村庄主要是依托当地特色的农业产业，如中药材、草莓、西瓜等特色农产品，在推动特色农业规模化发展的同时，拓展农业产业功能，从而丰富农业产品功能，延伸农业产业链条，做强特色农业，并以此为依托，带动村民增收致富及村庄环境的优化改善，从而实现乡村振兴。

代表案例 1：山西省大同市云州区

黄花又名萱草、忘忧草，是多年生草本植物，具有健脑安神、降脂养血、清热解毒、通气催乳等功效。山西省大同市云州区种植黄花已有 600 多年历史，素有"中国黄花之乡"的美誉，当地黄花角长肉厚，先后 12 次荣获农产品博览会金奖。目前，云州区黄花种植面积已达到 26 万亩，年产值达9亿元，是地方经济发展、农民增收致富的支柱产业。与此同时，依托黄花产业、近郊区位、乡土文化等资源，云州区推进农业与生态旅游、文化康养等深度融合，大力发展黄花采摘观光、健康养生等景点，已经形成以黄花为吸引点的乡村旅游点23个。2020年5月11日，习近平总书记视察大同市云州区，当地农民告诉总书记，土地流转后每亩地一年可收入500元，在基地做工一天还能赚150元。习近平总书记细致察看黄花产品后，感慨地说："就是要立足本地实际，大力发展特色产业，把大同黄花做成全国知名品牌，让乡亲们富而忘忧。"

代表案例2：山东省潍坊市寿光市

党的十八大以来，山东省潍坊市寿光市积极打造全国设施农业的科技研发中心、标准输出中心和产业融合发展示范中心，不仅改变了全国蔬菜市场格局，也培育出了农业农村现代化的"寿光模式"。"寿光模式"主要围绕农业产业化、产业标准化、农产品品牌化、乡村宜居化、公共服务均等化等方面，推动乡村振兴。

农业产业化。自2018年以来，寿光市建设了占地3万多亩的18个现代农业园区，大力推进蔬菜产业的转型升级，一个大棚就是一个"绿色车间"，一个园区就是一个"绿色工厂"。

产业标准化。2018年，农业农村部和山东省共建的全国蔬菜质量标准中心在蔬菜之乡山东省寿光市揭牌。全国蔬菜质量标准中心成立了由方智远、李天来、邹学校、赵春江4名院士领衔，67名专家组成的专家委员会，并先后启动了118项国家标准、行业标准、地方标准研制工作。

农产品品牌化。2019年，"寿光蔬菜"成功注册为地理标志集体商标。粤港澳大湾区"菜篮子"产品潍坊配送分中心于2019年11月经广州市政府授权广州市农业农村局批复同意，依托山东寿光蔬菜产业控股集团建设运行。以"寿光蔬菜"为核心的千亿级蔬菜产业集群成功入选全国首批 50 个特色农产品优势产业集群，打造了"七彩庄园"、"寿光农发"等一批企业品牌以及"乐义蔬菜"、"金彩益生"等一批蔬菜单体品牌，国家地理标志产品达到 16 个。

乡村宜居化。2019 年，寿光市全面启动美丽乡村暨农村人居环境综合提升三年行动，设立专项奖补资金；坚持把基础设施建设的重点放在农村，全面实施农村厕所、道路、供暖、供气、污水处理等"十改"工程，不断推进乡村绿化工作。在全省率先实现城乡环卫一体化全覆盖。通过坚持绿色发展道路，寿光打造了一个山清水秀、村美人和的田园村庄。

公共服务均等化。寿光市加快推进城乡公共服务均等化，如推动公共文化服务均等化、标准化建设，打通公共文化服务"最后一公里"。寿光市完善以市级公共文化设施为龙头、镇街综合性文化服务中心为纽带、村（社区）综合性文化服务中心为依托的三级公共文化服务网络体系，形成以城区文化辐射带动农村，以农村文化丰富反哺城区的城乡公共文化服务，让城乡居民同享"文化阳光"。

目前，寿光市已经成为全国最大的蔬菜集散中心、价格形成中心、信息交流中心，有 17.3 万座蔬菜大棚，常年种植蔬菜 60 万亩，年产量 450 万吨，年交易量 900 多万吨，产值高达 110 亿元。据统计，寿光市有 8000 余名技术人员在全国各地建设大型蔬菜基地指导蔬菜生产，全国新建蔬菜大棚中一半以上有"寿光元素"，寿光 95% 以上的蔬菜销往全国 200 多个大中城市。①

---

① 王彩娜．寿光菜价高点已经过去［N］．中国经济时报，2021-11-01（A02）．

四、新经济带动型

新经济带动型乡村振兴模式适合一些具有一定基础和发展条件的乡村，可以通过培训等方式，扶植引导，发展"互联网+""公司+农户"等新经济模式，实现乡村振兴。

代表案例：三瓜公社

三瓜公社位于安徽省合肥市巢湖市半汤街道，距离合肥90千米。2015年3月，合巢经济开发区管委会与安徽淮商集团联合成立了安徽三瓜公社投资发展有限公司，按照"冬瓜民俗村"、"西瓜美食村"、"南瓜电商村"三大主题定位，对民居进行重新定位设计，构建起"线下实地体验、线上平台销售，企业示范引领、农户全面参与，基地种植、景点示范"的产业发展模式，围绕民俗、文化、旅游、餐饮、休闲等领域，综合现代农特产品的生产、开发、线上线下交易、物流等环节，探索出一条信息化时代的"互联网+三农"之路。

第二节　组织带动型

一、村集体组织带动模式

代表案例：袁家村

袁家村位于陕西省咸阳市礼泉县烟霞镇北部，距离西安60千米。根据中国传统村落数字博物馆数据，袁家村共有62户，286人。袁家村年接待游客达600万人次以上，带动了周边10余个村，万余名农民致富。袁家村曾获得国家 4A 级旅游景区、中国十大美丽乡村、国家特色景观旅游名村、中国乡村旅游创客示范基地等称誉。

袁家村党支部书记、袁家村关中印象体验地创始人和设计者郭占武将袁家村的成功归结于"村干部带领村民共同致富的典型",可以归结为"以村集体领导为核心,村集体平台为载体,构建产业共融、产权共有、村民共治、发展共享的村庄集体经济"的发展模式。

袁家村组建了以村两委为核心的村集体领导队伍,在发展之初村集体就明确提出自主发展的路径,坚持村民的主体地位,确保全体村民的根本利益和长远利益,树立村民的主人翁意识,让村民当家做主,自主发展、自我发展。同时,袁家村为了盘活集体和群众闲置资产,把散弱农户的个体利益与集体利益紧密结合,实施村集体内部无物不股、无人不股、无事不股。袁家村以村庄集体平台为载体,将集体资产进行股份制改造,集体保留 38%,其余 62% 量化到户,参与社区集体经济组织成员都可以持股。

产业发展上,袁家村探索出"由三产带二产促一产,并立足品牌溢价的多维度产业共融"发展路径。目前,袁家村培育发展了 10 个农副产品加工企业,6 个旅游服务企业,建成菜籽、玉米、大豆、红薯等 14 个优质农产品基地。

二、"党建+"模式

代表案例:湖南省永州市回龙圩管理区

永州市回龙圩管理区是湖南省七大正县级管理区之一、全国农垦现代农业示范区、国家重点生态功能区,地处湘桂边界、毗邻两广,前身是成立于 1958 年的原省十三大国营农场之一的回龙圩农场。

"党建+柑橘"。柑橘是回龙圩管理区的特色产业及主导产业。为发展柑橘产业，回龙圩管理区把党建网格员派进了橘园里，把党员示范岗、先锋模范岗设到田间地头，由党建网格员和致富能人牵头，联系帮扶群众发展柑橘，讲解政策、信息和栽培技术。

"党建+村企联合"。回龙圩管理区9个村党支部与23个柑橘合作社（加工厂）建立村企党建联合制度，成立柑橘协会党支部，由村党支部和柑橘协会党支部帮助柑橘合作社（加工厂）联络务工村民，由柑橘合作社（加工厂）推荐物色表现突出的村民发展成入党积极分子。"党建+村企联合"带动306名贫困村民进厂务工，实现稳定脱贫，22名入党积极分子发展成党员。

"党建+乡村治理"。以基层组织为纽带，回龙圩管理区建立完善"四会一约"，深化文明创建，开展农村法治讲座、扶贫慰问困难户、送法送廉进农村等精神文明活动，开展"十星级文明户"、"文明卫生户"等评选活动及村民广场舞赛、"健康湖南"全民健身拔河比赛、"乡村振兴杯"男子篮球赛等文体活动，用活动凝聚人心，提振广大党员、村民的精气神。回龙圩管理区还发动广大党员群众大力推进农村人居环境整治，投资3000余万元实施"美丽乡村"建设工程。

截至2019年，回龙圩管理区形成集中连片优质橘园10万亩，人均橘园面积达3亩以上，年产柑橘26万吨，年产值13亿元，每户年均纯收入达5万元以上，并成功承办两届永州市柑橘文化旅游节暨柑橘产业高峰论坛，共吸引游客64万人次，实现旅游综合收入3亿元。发展水果加工厂33家，其中1家为市级农业产业化龙头企业，橘香鸡加工厂1家、果园鸡养殖基地1000亩。

第三节　生态振兴型

一、生态治理模式

代表案例：福建省龙岩市长汀县河田镇露湖村

露湖村位于福建省龙岩市长汀县河田镇南部，拥有耕地 1455 亩，林地 12423 亩。露湖村作为长汀县水土保持科教园所在村，是长汀县河田镇水土流失最为严重的行政村。

为践行"绿水青山就是金山银山"的理念，露湖村建立了水土流失分户承包、联户承包、统一治理分户管护、集体承包治理、专业队管护五种治理管护责任制，探索出"等高草灌带"治理方法，大力推广"草、牧、沼、果（菜）"生态开发治理模式。村民自发开垦荒山种植千亩板栗园，建立中国石油万亩水保生态示范林，实现造林和林分改造 6000 余亩，实现全村 558 户村民"以电代燃"的全覆盖。

同时，围绕水土流失治理，露湖村建立了长汀县水土保持科教园，展示水土流失引起的生态灾害，普及水土保持科学知识，开展水土保持科学研究。该科教园现已成为集示范推广、科普教育、观光旅游和对外交流为一体的水土保持风景区和旅游目的地。

此外，露湖村整合各项扶贫资金和流转土地 280 亩，建成生态农业发展基地，鼓励贫困户积极参与黄花远志、百香果种植和莲鱼混养等项目，发展生态经济。

2019 年，露湖村被列为省级乡村振兴试点村、市级人居环境整治试点村。

二、环境整治模式

环境整治模式适用于农村脏乱差问题突出的地区。在农村环境综合整治方面，主要从居民端和农业端两方面着手，居民层面包括供水、污水、水源地治理，固废环卫以及能源方面的光伏、散煤替代等问题；农业层面包括化肥和农药的减量化、畜禽粪污的治理、秸秆"五料化"、节水灌溉以及耕地的修复等。

代表案例：广西壮族自治区恭城瑶族自治县莲花镇红岩村

红岩村距桂林市 108 千米，共 103 户 407 人，因与红色经典小说《红岩》名称相同而闻名四里八乡，是一个集吃、住、玩、农耕体验、商务观光为一体的生态特色旅游村。过去，红岩村经济发展落后，是当地典型的贫困村。20 世纪 90 年代，红岩村坚持走"养殖—沼气—种植"三位一体的生态农业发展之路，大力发展月柿种植。2003 年，红岩村的月柿种植面积达 680 亩，人均有果 600 千克。2003 年初，红岩村被恭城瑶族自治县列为全县第四批"富裕生态家园"建设试点村，开始实施新村建设。全村按照"改水、改路、改房、改厨、改厕"和"交通便利化、村屯绿化美化、户间道路硬化、住宅楼房化、厨房标准化、厕所卫生化、饮用水无害化、生活用能沼气化、养殖良种化、种植高效化"（简称"五改十化"）的标准，统一规划、统一建设、统一装修。目前，红岩新村成功建起 80 多栋独立别墅，共拥有客房 300 多间，餐馆近 40 家，建成了瑶寨风雨桥、滚水坝、梅花桩、环形村道、灯光篮球场、游泳池、旅游登山小道等公共设施，基本形成了食、宿、行、娱、购、游相配套的服务体系。

第四节 综合发展型

一、"新村"模式

"新村"模式中的大多数村庄由于偏远、闭塞、交通不便，又没有特殊资源，规模相对较小，布局分散，不具备发展潜力，通过迁村并点等方式，重新分配资源，重新布局规划，通过农民新村、产业新城等模式建设"产业+人居环境+生态+文化生活+管理"五位一体协调发展新村或新城镇，从而实现乡村振兴。

代表案例：山西省岢岚县宋家沟村

宋家沟村距离岢岚县城 13 千米，是易地扶贫搬迁集中安置点。2007年，周边 6 个山庄窝铺村民迁入宋家沟村，在村西建起"一户一棚一舍"庭院式建筑。但村东建筑已年久失修，破损坍塌。岢岚县政府按照易地搬迁安置规划，与农户协商签订协议，回购了旧村闲置废弃的旧宅和宅基地，新建了移民安置房、公共设施建筑，翻新改造了旧房。2017 年以来，宋家沟村新建移民安置房 265 间，共 5300 平方米，承接全乡 14 个行政村145 户易地搬迁户 265 人入住。在建设移民新村时，宋家沟村"借势"周边的宋代长城、北齐军事遗址苏孤戍、古堡等历史文化资源，以及华北地区最大的亚高山草甸荷叶坪草原等自然资源。2018 年开始，宋家沟村发展起乡村旅游、大棚蔬菜、特色种养、经济林木、农产品加工等脱贫产业，打造"美丽休闲乡村"、"乡村旅游示范村"。在文旅产业的带动下，2018年底，宋家沟村贫困人口全部脱贫，2019 年，全村人均收入达到 8816 元。

二、社会综合治理模式

社会综合治理模式主要在人数较多、规模较大的村镇，此类村庄一般区位条件较好，经济基础较强，基础设施相对完善。

代表案例：天津市西青区大寺镇王村

大寺镇王村坐落在天津市西青区东南部，东邻西青经济技术开发区，西邻天津市赛达新城规划建设中心。王村现有村民 714 户，户籍人口 2100 余人。王村距天津港 10 千米，距天津国际机场 15 千米，距市中心 15 千米。近年来，该村不断推进乡村振兴，注重加强精神文明建设，先后建成三大活动场所：6000 平方米的音乐喷泉健身广场，2400 平方米的青少年文体活动中心与 1000 平方米的王村文体活动中心，全天免费向村民开放。常态化组织开展关爱特殊群体、环境清整、文明创建等各类志愿服务活动，已建立三支志愿者队伍共 100 余人。举办学习践行社会主义核心价值观成果展、王村先进人物和抗疫先锋展和最美家庭先进事迹巡回展；组建村文化艺术团，并按村民需求成立舞蹈队、少年舞蹈队、合唱团、朗诵组、京剧组、女子鼓乐队，每两年举办一届村文化艺术节。通过一系列举措，王村有力促进精神文明建设再上新台阶，全村呈现出产业兴旺、生态宜居、乡风文明、治理有效、生活富裕的良好局面。2017 年，大寺镇王村被评为全国文明村镇，2020 年成功通过全国文明村镇复审。

第七章

我国乡村振兴成效与问题

第一节　我国乡村振兴战略取得的成效

一、乡村振兴产业发展成效显著

一是农产品加工业持续发展。农业农村部总经济师魏百刚 2020 年 10 月 27 日在国务院新闻发布会上发布的数据显示，2019 年，农产品加工业营业收入超过 22 万亿元，发展规模以上农产品加工企业 8.1 万家，吸纳 3000 多万人就业。二是乡村特色产业蓬勃发展。建设了一批产值超 10 亿元的特色产业镇（乡）和超 1 亿元的特色产业村。发掘了一批乡土特色工艺，打造了 10 万多个"乡字号"、"土字号"乡土特色品牌。三是乡村休闲旅游业快速发展。建设了一批休闲旅游精品景点，推介了一批休闲旅游精品线路。2019 年，休闲农业接待游客 32 亿人次，营业收入超过 8500 亿元。四是乡村新型服务业加快发展。2019 年，农林牧渔专业及辅助性活动产值 6500 亿元，各类涉农电商超过 3 万家，农村网络销售额 1.7 万亿元，其中农产品网络销售额 4000 亿元。五是农业产业化深入推进。2019 年，农业产业化龙头企业 9 万家（其中，国家重点龙头企业 1542 家），农民合作社 220 万家，家庭农场 87 万家，带动 1.25 亿农户进入大市场。六是农村创新创业规模扩大。2019 年，各类返乡入乡创新创业人员累计超过 850 万人，创办农村产业融合项目的占到 80%，利用"互联网+"创新创业的超过 50%，在乡创业人员超过 3100 万。

二、农村人居环境整治明显改善

农村厕所革命成效显著。农业农村部数据，2020 年，全国农村卫生厕所普及率达到 65% 以上，2018 年以来累计新改造农村户厕超过 3500 万户。截至 2019 年 12 月，财政部、农业农村部安排中央财政资金 70 亿元，实施了农村"厕所革命"整村推进奖补政策，引导和推动有条件的农村普及卫生厕所。根据国家卫生健康委员会的数据，2000~2017 年，全国拥有卫生厕所的农村住户比重大幅提高，从 40.3% 增至 81.8%，拥有无害化卫生厕所的农村住户比重从 19.3% 增至 62.7%。

农村垃圾治理全面推进。农业农村部的数据，农村生活垃圾收运处置体系已覆盖全国 90% 以上的行政村。在生活污水治理方面，"十三五"以来累计安排专项资金 258 亿元，其中 2020 年安排 36 亿元，支持农村污水和垃圾处理、饮用水源保护等，完成 12.5 万个建制村环境整治。同时，根据 2019 年 11 月 28 日财政部政府和社会资本合作中心网站公布的数据，位于管理库的农村污水治理及农村环境整治 PPP 项目共计 50 个，涉及新增投资额 316.61 亿元，其中有 29 个涉及投资额 193.29 亿元的项目已进入执行阶段，储备库中农村污水治理及农村环境整治 PPP 项目共计 11 个，涉及新增投资额 57.89 亿元。

村容村貌大幅提升。农业农村部发展规划司数据显示，全国 95% 以上的村庄开展了清洁行动,实用性村庄规划有序推进,农村内部道路逐步硬化畅通,农村绿化、亮化、美化工程全面开展,党群服务中心、新时代文明实践站、综合文化服务中心、村级卫生室等基础设施不断完善。

三、农村居民生活水平不断提高[①]

农村居民人均可支配收入持续增长。1949年我国农村居民人均可支配收入仅为44元。20世纪50~70年代,土地改革和农业合作社的发展,促进了农村居民收入较快增长。改革开放以来,市场经济体制不断完善,为商品流通特别是农副产品交换提供了便利条件,农产品价格提高也为农民增收带来实惠。党的十八大以来,加大对社会保障和民生改善的投入力度,农民的钱袋子更加殷实。2020年,农村居民人均可支配收入17131元,农村居民人均可支配收入中位数15204元。

农村居民消费水平不断提高。新中国成立初期,我国农村居民人均消费支出极低。20世纪50~70年代,农民消费逐步增长。改革开放以来,随着农村居民收入较快增长,消费能力显著提升。2020年农村居民人均消费支出13713元,农村居民恩格尔系数为32.7%。比1954年下降了35.8个百分点。家庭消费品升级换代,移动电话、计算机、汽车进入寻常百姓家。2018年,农村居民平均每百户拥有移动电话257部、计算机26.9台、汽车22.3辆、空调65.2台、热水器68.7台、微波炉17.7台。

农村贫困人口全部脱贫。改革开放以来,我国成功走出一条中国特色扶贫开发道路。按现行农村贫困标准(当年价)衡量,1978年农村贫困发生率为97.5%,农村贫困人口7.7亿。党的十八大以来,把扶贫开发摆在更加突出的位置,把精准扶贫、精准脱贫作为基本方略,开创了扶贫事业

---

① 本部分数据来源于国家统计局。

新局面。2019 年底，中国贫困人口减少到 551 万。2020 年，现行标准下农村贫困人口全部脱贫，832 个贫困县全部摘帽，贫困现象历史性消除，创造了人类减贫史上的奇迹。

农村低保标准稳步提高。改革开放以来，农村居民生活水平不断提高。针对病残、年老体弱、丧失劳动能力以及生存条件恶劣等原因造成生活困难的农村居民，国家建立农村最低生活保障制度。2007 年农村低保年平均标准为 840 元/人，2020 年农村低保年平均标准达到 5247 元/人。全面建立农村留守儿童关爱保护制度，帮助无人监护的农村留守儿童落实受委托监护责任人，让失学辍学的农村留守儿童返校复学，农村居民基本生活的兜底保障网越织越牢。

第二节　我国乡村振兴发展面临的问题

一、产业发展较不充分

传统生产方式竞争力较弱。我国传统的单家独户的小农经济生产方式，农业科技水平低，规模经济效益小，农业生产成本居高不下，生产效率较低，生产成本较高，投入产出比较低，与发达国家相比缺乏一定的市场竞争力。2019 年，我国农产品进出口额 2300.7 亿美元，贸易逆差 718.7 亿美元，增 26.5%；2020 年，我国农产品贸易额 2468.3 亿美元，贸易逆差 947.7 亿美元，增 32.9%。

农业与二、三产业交叉融合发展不充分。农业产业链向后延伸不充分，多以供应原料为主；第二产业发展水平与效率有待提高，农产品精深加工不足，副产物综合利用程度较低，农产品加工转化率较低，农村特色加工业发展有待提高；第三产业发育不足，农业生产性服务业发展相对滞后，农村生产生活服务能力不强，产业融合层次不高，乡村价值功能开发不充分，农户和企业之间利益联结不紧密。

农村产业在类型、规模等方面发展不全面不平衡，产业支撑不足。我国农村大部分地区仍以传统种植业为主，其他产业基础薄弱。即使仅看传统种植业，很多地方在经营模式上也表现出耕作方法陈旧、种植技术落后、机械化程度较低等问题；在经营方式上依然较为粗放，集约化生产程度和水平较低，化肥、农药用量较大，造成环境污染与土地质量退化。

新一代信息技术在农业和农村中的应用仍处于起步阶段。当前，互联网、物联网、区块链、人工智能、5G、生物技术等新一代信息技术在农业和农村中的应用仍然较少，未形成新一代信息技术与农业全产业链的深度融合与应用，智慧农业建设与发达国家相比，仍然有一定的差距。

二、重要资源要素不足

农村人才资源支撑不足。由于农村各类教学设施不足，教育人才缺乏，教学的现代化水平和信息化程度比较低，农村教育水平质量普遍偏低。根据《中国农村发展报告》，全国91.8%的农业从业人员仅具备初中及以下文化水平，西部和东北地区接受高中及以上教育的农业从业人员比重不超过7%，这是农业农村现代化和经济转型升级过程中必须面对的问题。同时，随着经济快速发展和城镇化的快速推进，城乡劳动生产率之间的差距日益显著，一大批有文化、有知识、懂技术、高素质的农村青壮年劳动力涌入城市，农村留下一大批留守老人、留守妇女、留守儿童。农村人口的年龄构成、科学文化水平和素养无法满足乡村振兴和农业农村现代化的需求。

农村公共产品供给不足。城乡二元体制的长期存在导致优质的教育、医疗、就业、社会保障等公共产品基本上都在城市，而农村公共产品供给总量不足、结构失调、主体失衡，造成了公共基础服务设施配置"农村总量不足"与"城市局部过度"的矛盾现象。虽然国家不断加强对"三农"的投入并推进城乡一体化发展，但是国家对于农村基本公共服务设施的投入力度还不是很大，基础设施配置的资金受限，建设的质量也无法得到足够保障。

农村基层党建较为薄弱。在当前中国的广大农村，大部分基层组织比较涣散，村干部的综合能力不高。这主要体现在两方面：一是农村基层党组织凝聚力不高，村委会作出的决策在村民中推行起来很难一呼百应。二是大部分村干部年龄偏大，文化偏低。因此，对党在农村的各项方针政策领会不全、把握不准，很难结合实际创造性地贯彻执行，对于引领农村经济社会发展缺少足够的创造与担当。

三、农村资源利用不充分

农业增收渠道受限。改革开放以来，我国农业现代化水平虽然得到了快速提升，但仍滞后于城镇化、工业化进程。近年来，农业生产对农民增收的贡献逐步下滑，农民收入的增长主要依靠农业经营净收入之外的国家财政或第二、第三产业支撑。

农业资源利用不足。农业具有经济、生态、社会和文化等多方面的功能，但当前农业产业普遍偏重于经济功能，对其他功能重视不够，休闲农业、观光农业、都市农业等现代农业发展相对缓慢。

传统乡村文化被忽视。中华文明很大一部分发源于农村，农村文化博大精深、源远流长。但是，随着农村社会的发展和城市化进程的加速，农村传统文化没有得到应有的重视，没有得到很好的保护和开发。

生态资源未充分利用。长期以来，由于只重视粮食生产，生产结构单一，资源利用不合理，自然生态遭到破坏。而"绿水青山就是金山银山"，我国广大农村地区自然资源丰富，生态系统类型多样。在新的市场需求下，环保产业、绿色产品会形成新的生态资源收益增长机制。

农民主体作用未充分发挥。新时代乡村振兴的关键在于提高乡村的内生能力，而提高乡村的内生能力则需要坚持农民主体地位。如果农民在关乎自己家乡建设和自身利益的乡村建设和发展中集体"失语"，会导致乡村振兴成为纸上谈兵。

第八章

体验经济与乡村振兴主要产业的耦合

第一节　乡村振兴产业面临的机遇与挑战①

一、机遇

政策驱动力增强。党和国家高度重视农业农村的发展，出台了一系列鼓励支持政策，加快实施乡村振兴战略，更多的资源要素向农村聚集，新基建改善农村信息网络等基础设施，城乡融合发展进程加快，乡村产业发展环境优化。

市场驱动力增强。消费结构升级加快，城乡居民的消费需求呈现个性化、多样化、高品质化特点，休闲观光、健康养生消费渐成趋势，乡村产业发展的市场空间巨大。

技术驱动力增强。世界新科技革命浪潮风起云涌，新一轮产业革命和

---

① 本小节数据来源于农业农村部。

技术革命方兴未艾，生物技术、人工智能在农业中广泛应用，5G、云计算、物联网、区块链等与农业交互联动，新产业、新业态、新模式不断涌现，引领乡村产业转型升级。

二、挑战

新冠肺炎疫情对农业经济产生了冲击。新冠肺炎疫情对农业的影响是显著的，无论在生产端、流通端还是销售端，乡村休闲旅游业在一定程度上被抑制。

资源要素瓶颈凸显。农业农村资金稳定投入机制尚不健全，农村人才激励保障机制尚不完善，社会资本下乡动力不足。乡村网络、通信、物流等设施仍然较薄弱。

发展方式较为粗放。创新能力总体不强，外延扩张特征明显。目前，农产品加工业与农业总产值比为 2.3∶1，远低于发达国家 3.5∶1 的水平。农产品加工转化率为 67.5%，比发达国家低 18 个百分点左右。

产业链条延伸不充分。第一产业向后端延伸不够，第二产业向两端拓展不足，第三产业向高端开发滞后，利益联结机制不健全，小而散、小而低、小而弱问题突出，乡村产业转型升级任务艰巨。

第二节　体验经济视角下的乡村旅游业

一、体验与旅游的耦合

（一）旅游的本质在于体验

"旅"是旅行、外出，即为了实现某一目的而在空间上从甲地到乙地的行进过程；"游"是外出游览、观光、娱乐，即为达到这些目的所做的旅行。两者合起来即旅游。无论是探险旅游、观光旅游、休闲旅游还是亲子旅游和文化旅游，从本质上来讲，都是人们寻求心理满足的一种体验形式。旅游从根本上讲是一种主要以获得心理快感为目的的审美过程和自娱过程，其本质是审美和愉悦，旅游的基本出发点、整个过程和最终效应都是以获得精神享受为指向，旅游的本质是差异化体验中的精神享受。因此，旅游的核心就是体验。

（二）体验是旅游的新形式

"体验式旅游"被普遍认可的定义是：立足于游客切身的体验和感受，经过提前组织与设计，重视参与性，游客需要付出精力与时间参与的，以获得愉悦体验为主旨的旅游方式。体验式旅游更强调旅游的参与性、互动性和融入性，它从传统旅游方式的"观"转向在旅游活动中的"感"，使游人参与到环境和人群当中，追求精神层面的、深层次的旅游方式，是传统旅游升级后的新的市场细分领域。当前，国外的体验式旅游已经很成熟，有很多值得借鉴的成功案例。比如，澳大利亚大堡礁体验式旅游等。在国内，"到农民家里体验田园式生活"等这类个性化体验式旅游已经越来越受到人们的青睐。

二、乡村旅游现状需求

（一）国家大力支持乡村旅游发展

乡村旅游是旅游业的重要组成部分，是实施乡村振兴战略的重要力量，在加快推进农业农村现代化、城乡融合发展、贫困地区脱贫攻坚等方面发挥着重要作用。现阶段是深入推进农业供给侧结构性改革，加快农业转型升级，向集约化、科学现代化迈进，建设生态乡村，走中国特色新型农业现代化道路的阶段。其中就要充分利用农村特有的资源，把乡村旅游业作为农业改革发展的新突破口，增加农民收入，解决就业问题，以人为本，切实解决农村发展问题。同时，《全国乡村产业发展规划（2020—2025年）》提出乡村休闲旅游业优化升级。到2025年，农业多种功能和乡村多重价值深度发掘，业态类型不断丰富，服务水平不断提升，年接待游客人数超过40亿人次，经营收入超过1.2万亿元。

（二）乡村旅游发展迅速，规模扩大

在全国旅游业快速发展的大背景下，我国乡村旅游这一新的旅游形式也被越来越多人青睐。农业农村部数据显示，2012~2017年，我国休闲农业与乡村旅游人数不断增加，从2012年的7.2亿人次增至2017年的28亿人次，年均复合增长率高达31.2%，增长十分迅速。2019年，乡村休闲旅游接待游客32亿人次，营业收入超过8500亿元。2021年11月17日，农业农村部印发的《关于拓展农业多种功能 促进乡村产业高质量发展的指导意见》中明确提出，到2025年，乡村休闲旅游年接待游客人数40亿人次，年营业收入1.2万亿元。

（三）乡村旅游产品同质化严重

当前，国内各地在推进乡村旅游发展过程中，大多是将农业与旅游业结合，旅游者在游玩过程中多是体验大同小异的餐饮、住宿、采摘、游乐等项目，具有本地特色的乡村旅游文化难以彰显。即使依托本地的自然资源和人文资源，但实际上旅游资源开发的手段和形式也比较单一，导致旅游商品缺乏本地特色，旅游商品种类大同小异，使旅游者缺乏新鲜感，难以满足旅游者个性化、多元化的需求，容易让旅游者产生审美疲劳。因此，乡村旅游亟须融入个性、多元、特色的体验要素，提升旅游产品的吸引力，打造差异化、具有核心竞争力的乡村旅游项目。

三、乡村体验旅游的必要性

（一）游客需求发生变化

在后现代主义背景下，体验时代的乡村旅游游客的消费观念日益成熟，游客不再满足于走马观花、垂钓摘果等单一的旅游产品。乡村旅游游客的需求走向深层次、个性化，从简单的观光需求向休闲、度假等体验需求转变，由此出现了"洋家乐""长城脚下的公社"等诸多休闲度假型乡村旅游。曾经火爆的乡村旅游发展模式，如贵州"天龙模式"和成都郫县"农家乐"均因产品同质、功能单一而导致发展受阻，天龙屯堡正在进行从产权到产品的全面升级，郫县也以"原味天府乡村、现代都市田园"的新形象迎合游客需求的变化。

（二）乡村旅游的本质回归

乡村旅游的本质就是体验。旅游产品是无形的，乡村旅游游客需要的更多是品尝当地特色美食的味蕾体验、参与农事活动的收获体验和回归田园的精神享受等。旅游活动过程中或结束后，游客在微信、微博等社交媒体上晒出的旅游照片和感悟又构成了一段不可复制的美好经历，由此带来的关注和点赞又为游客增加了幸福感和自豪感的体验。因此，在乡村体验旅游开发过程中一定要坚守乡村旅游的本质——体验，从"食住行游购娱"六大要素上给游客带来感官的冲击，形成难以忘怀的旅游经历。

（三）乡村旅游转型升级的现实需要

随着体验经济时代的到来，传统的旅游产品已经越来越难以满足不断变化发展的旅游者需求。人们参与乡村旅游的目的，除了进行传统农业观光之外，还希望借助各种体验型旅游产品更全方位、多角度地体验及感受乡村生活。由此可见，体验将是乡村旅游者的主要动机之一，而体验型旅游产品的设计也将是乡村旅游可持续发展的一个重要方面。但就目前情况而言，绝大多数的乡村旅游产品开发还维持在初级阶段，更多的是依托现有资源优势对产品进行初级开发以满足旅游者需要，产品设计缺乏参与性及趣味性，旅游者的参与性不高。

四、乡村体验旅游的发展思路

（一）丰富独特创意

乡村体验旅游的主题来源于当地的各种特殊文化形态表现，既富有当地特性和本土化特点，又具有感召力和实践性，使产品感知化和稀缺化，有利于游客体验活动的开展和体验产品的增值。推动乡村旅游发展时，要充分挖掘、利用乡土文化所蕴藏的精神内涵，打造有地域特色和个性化特征的乡村旅游产品。通过塑造体验式乡村旅游项目，为广大游客提供有特色品位和文化个性的观赏体验，切实增强乡村旅游吸引力，为乡村旅游发展探索新的方向。经营者要注重增加文化创意，特别要重视增加乡村文化的时代属性，拓展乡村文化的时代空间。面对新环境下大众的消费习惯，经营者在开发乡村文化时，要注重激发创意内涵，突出艺术特色，通过文化上的合理创新来满足大众消费需求，以获得更大的发展空间。

（二）凸显原味乡村特色

凸显乡村特色就是要把农村生活形态的典型景象提纯集萃，将乡村特有的牛羊慢踱、鸡鸣狗吠、村口老树、门前小溪、戏台等生活形态，以及种养殖等农事活动再现于景区的乡野大地中。同时要挖掘各层面的民俗文化内容：物质层面的文化主要有各种民俗工艺品，民俗工艺品是民俗风情的一种表现，在开发中应结合农村农耕文化特点进行设计；体制层面的文化主要体现为农村各种传统节庆活动，要将这些节庆活动进行深入挖掘，原汁原味地展现给旅游者。

（三）营造浸入式体验

一方面，经营者要注重对传统乡村旅游发展项目进行整合、升级，通过全面整合乡村旅游资源优势，挖掘乡村旅游发展潜能，实现乡村旅游资源"1+1>2"的发展目标。另一方面，要注重引入游客参与，通过提升游客的认知情绪、情感理念，为游客提供浸入式旅游体验。例如，"农家乐"只是乡村体验旅游的形式之一，企业应当提供参与性强的多样化产品，满足游客多感官的需求。要通过利用现代技术对传统农业资源进行合理改造，开发娱乐性、参与性、知识普及等多功能的旅游项目，对乡村旅游项目价值、潜力进行全方位挖掘。

第三节 体验经济视角下的休闲农业

一、体验经济与休闲农业

（一）休闲农业

休闲农业是利用农业自然资源、田园景观、农村设备与空间、农业生产场地、农业产品、农业经营活动、农村人文资源等，经过规划设计，以发挥农业与农村休闲旅游功能，增进民众对农业、农村和农民生活的体验，以此提高农民收益，促进农村发展的一种新型农业生产经营形态。休闲农业一词来源于英文的 Agritourism，是由农业（Agriculture）和旅游（Tourism）两个词组合起来翻译的。目前，对于休闲农业有着都市农业和乡村旅游两种说法。

生态休闲农业起源于 19 世纪 30 年代，由于城市化进程加快，人口急剧增加，为了缓解都市生活的压力，人们渴望到农村享受暂时的悠闲与宁静，体验乡村生活。于是生态休闲农业逐渐在意大利、奥地利等地兴起，随后迅速在欧美国家发展起来，第二次世界大战后休闲农业这个概念进入亚洲。20 世纪 60 年代休闲农业进入全球扩张阶段；到了 20 世纪 80 年代欧美各国的休闲农业步入成熟阶段。

（二）体验经济

我国休闲农业的发展，将促使农业由粗放式经营转变为集约化经营，提高农业生产效率，转变农业增长方式。体验经济在休闲农业中的应用，可以吸引更多的消费者参与到休闲农业当中，使人们在观光、交流等环节中，形成自身独特的认知与审美体验，增加消费者的农事经历和劳动满足感。休闲农业企业在为顾客提供体验产品和服务过程中，也可以获得稳定的发展机会和长期的经济收益。

随着时代的发展，我国消费结构逐步由重物质消费向重精神、情感型消费升级。收入的增加使人们的生理需求和安全需求逐步得到满足，消费的目的开始更多地转向精神、情感型需求，这为休闲农业发展创造空间。在体验经济时代，消费者的需求表现为寻求个性化的服务，更加注重情感的愉悦和满足。在体验经济市场化运作过程中，企业竞争主要通过消费者体验满意度实现。体验经济模式的融入将减少因同质化和标准化引发的单一经营模式，消费者个性化需求将被提高到前所未有的高度并被重视，成为休闲农业企业竞争战略的基础和核心竞争力。因此，个性化的定制生产将成为休闲农业发展的核心理念①。

---

① 李嘉，何忠伟. 体验经济下的休闲农业经营模式研究［J］. 经济导刊，2011（12）：82-83.

二、休闲农业的体验类型

（一）审美体验

休闲农业体验是一种审美活动，是一种体验乡村自然美、生态美、文化美、生活美的过程。如欣赏优美的田园风光、观看淳朴的民俗表演等都会使消费者沉醉其中，获得美的享受。这种心理历程是普通审美活动所无法给予的，它甚至会在相当长的时间内留在消费者的记忆深处。

（二）避世体验

当代都市人在现实生活中承受较多的工作压力和生活压力，可以通过营造避世的休闲农业生活环境，令其沉浸在乡村生活、农事生产体验等乐趣中，从而短暂地忘记城市生活的纷纷扰扰，以获得身心的放松。如旅居在乡村田野间的小木屋，和当地的农民一起日出而作、日落而息，进行放牧、耕作、采摘等农事活动。

（三）文化体验

农耕文化是世界上最早的文化之一，也是对人类影响最大的文化之一。农耕文明集各种民俗文化为一体，形成了独特文化内容和特征。利用乡村自然环境、农牧渔业生产、农家生活等资源条件，通过合理改造、适度开发，以农业生产为依托，游客可以获得养殖体验、种植体验、农耕工具使用体验、生产资料应用体验、农业科技体验、收获体验等。

（四）娱乐体验

休闲农业是农业和休闲游憩相结合的产业，不仅有农业生产功能，而且有娱乐休闲功能。在休闲农业的环境中，通常设置捡鸡蛋、抓鱼、逮鸡、斗羊、斗蛐蛐等乡村野趣项目，以及农村民俗文化表演、乡村篝火晚会等娱乐活动，这些轻松有趣的田间玩耍、嬉戏活动，唤起游客的童年记忆，引起情感上的共鸣，带来与城市截然不同的娱乐体验。

三、休闲农业的体验化经营模式

（一）休闲体验的感觉化

感觉体验是游客认识事物最原始、最直接的方式，也是游客最能有"感觉"地接受外界事物的方式。企业要在感官上为游客创造体验价值，就要对销售商品的内外环境进行改造。如通过对商品自身的改变来吸引顾客产生感觉体验。游客在观光农园时，可以农园中无土栽培的葡萄、硕大的南瓜、七彩的辣椒等吸引其注意，从而让他们产生购买品尝的欲望。另外，通过对销售环境的改善，同样可以使消费者产生感觉体验。在观光农业设施中，游客可以体验耕作、播种、施肥、田间管理、赏花以及采摘等农事环节，充分体验回归自然的乐趣，体会农业劳动者的辛苦与不易。同时，绝大部分观光农业设施周围山清水秀、空气宜人，人们还可以乘凉、垂钓，充分享受田园乐趣。

（二）休闲体验的情感化

情感体验诉求的是顾客内在的情绪与情感，既可以是在短时间内与生理性需要相联系的一种情绪体验，也可以是在长时间内与社会性需要相联系的一种稳定的情感体验。这种情感体验既可能是柔和的心境，也可能是强烈的激情，还可能是奔放的热情。"农家乐"的兴起在某种程度上满足了人们在情感上的诉求。农民利用自家庭院、自己生产的农产品以及周围的田园风光、自然景点，吸引游客前来体验吃、住、玩、游、娱、购等休闲活动。游客可以在农户家中"做客"，也可以在农户家"度假"。

（三）休闲体验的思维化

思维体验诉求的是智力，以创意的方式引起游客的惊奇、兴趣，为游客创造认知和解决问题的体验，满足人们对知识的渴求，从而达到寓教于乐的目的。可以利用农业观光园、农业生态园、农业产品展览馆、农业博览园或博物馆，为游客提供了解农业历史、学习农业技术、增长农业知识的旅游活动。在农业观光设施中，专业技术人员可以向游客介绍农业专业知识和农事操作基本技术，回答游客在体验参观过程中的各种疑问，如识别经济作物的种类、品种，不同作物的生长物候期和生产周期，使用了植物生长添加剂作物的识别，获得无公害蔬菜、水果的综合技术等。游客在观光旅游的同时，还可以丰富生活常识。

（四）休闲体验的科技化

科技体验是将现代高科技手段和农业结合发展的休闲农业。科技型休闲农业的内涵和类型都很丰富，随着现代生物技术的渗透，科技型休闲农业将成为最吸引人的产业之一。例如，随着转基因技术的应用，转基因农产品越来越多，可以利用人们的好奇心理，建立大规模的观光基因农场，普及游客的基因科学知识，吸引其更好地了解转基因农作物。

（五）休闲体验的行为化

行为体验通过增加游客的身体体验来丰富他们的生活或影响他们的生活方式。在乡村民俗游中，可以让游客亲自体验民俗活动，如坐花轿、踩高跷等；在采摘园里，游客可以任意挑选，随意采摘；在"农家乐"中，游客甚至可以拿起锄头、犁具下地干活；在渔村游中让顾客体验渔村生活，游客可以使用非现代化的交通和捕捞工具，如小木船、旧渔网等参与捕捞活动。对于生活在城市中的人们来说，休闲农业体验是了解农村和农民的最好方式，成为区别于城市休闲的新型放松模式。

（六）休闲体验的关联化

关联体验是与企业的品牌、文化和价值相关的精神上和心理上较高层次的体验，利用关联体验增加个人体验的私有感受特性，把个人与他人、消费者与社会体系联结起来，建立某个社会群体对特定品牌的认知与偏好，以此培养顾客的满意度与忠诚度。关系营销策略应用于休闲农业就是充分利用地方特色，建立能够充分体现地方风土人情和地方特色的休闲项目，如海南的热带农业游、北京的都市农业游、苏杭的特色茶山游以及陕北的黄土高原农业风情游等。

（七）休闲体验的艺术化

一切艺术都具有某种形象的魅力，休闲"体验"需要不断进行艺术创造，从而不断更新体验。根据消费心理规律，人们的休闲消费体验将更多地回归自然。利用农村特有的文化和风俗作为休闲农业活动的内容，如农村民俗文化馆、乡村博物馆、农产品生产作坊、民俗古迹、地方人文历史、乡村居民建筑、体验农家生活，促进民间艺术的推广①。

第四节　乡村体验型产品设计

一、体验设计的要求

（一）满足美学体验需求

在乡村体验产品的设计中，首先要注重产品的美学体验。审美指人们在体验事物过程中感受事物的艺术性。体验美好的景色与事物，让消费者心情愉悦、精神百倍，从而得到全身心的放松。结合美学专家李泽厚先生对美感的见解，可以将审美形态以三个层面来划分，分别为悦耳悦目、悦

---

① 李嘉，何忠伟. 体验经济下的休闲农业经营模式研究［J］. 经济导刊，2011（12）：82-83.

心悦意、悦志悦神。在一次完整的乡村体验中，首先带给游客的审美体验就是悦耳悦目，通过乡村美丽景色和绿色生态资源的体验，绿地、鲜花、小溪、丛林、瀑布、蓝天白云、兽鸟鱼虫等自然界的事物，给游客带来感官上的体验，让人们赏心悦目。另外，在接触大自然时，还会放下心理防备，放松精神，获得美的体验，从而取得悦心悦意的效果。

对于乡村体验产品的开发与设计，首要任务是发现自然资源中的美，同时结合美学的产生原理，在产品中创造美，让整个体验产品中的美集中起来，形成交相辉映的有机体，使原本粗糙和复杂的美经过修饰与设计变得更加精致与纯粹，符合人们的审美要求。同时，还要对乡村文化进行深入探索，展示产品和组织表演活动，在感官上体验到文化的美感，从而使游客的心灵得到升华。

（二）突出乡村体验产品主题

主题是产品中各个因素组成的核心。随着我国旅游行业逐渐向乡村旅游靠拢，乡村旅游业竞争越来越激烈，因此，乡村体验型产品设计需要注重产品的主题与特色，打造自己的品牌，通过鲜明的主题与特色吸引游客的注意力，从而提升产品的市场竞争力。在乡村体验型产品的设计中，首先，要打造一个具有特色的主题，通过主题展现出产品不一样的内容，在设计乡村体验产品时，要充分结合各地区的资源、环境、特色、文化以及目标市场消费需求进行分析，精心提炼出鲜明的体验主题，通过创新的表现手法，打造别具一格的产品和服务。其次，特色是整个乡村体验产品的灵魂，如果一个产品失去了特色，就会逐渐被市场淘汰。乡村体验产品设计要注重特色，最忌讳模式化。因此，在设计中，要结合乡村的地方性进行分析，并深入开展调查，了解游客的心理需求，从而突出适合的产品优势和特色，与主题呼应，给人们带来良好的体验。

（三）强化功能性、创意性设计

目前，大多数乡村体验型产品都面临着活动内容较少，项目比较单一，无法满足游客的多样性需求，不具备长久吸引力等难题。因此，在进行乡村体验产品的设计时，不但要满足广大游客的观赏需求，同时还要加入休闲娱乐、文化展演、特色美食、本地风俗以及探索和求知等活动项目，让游客在项目中获得更多的体验感与参与感，能够体验到不同之处，满足多元化的需求。

二、体验设计的基本角度

（一）设计有创意的参与性体验项目

科普型体验活动。可设计的活动项目包括参观古村落遗迹、古文化民俗；聆听导游或各种解说设施设备的讲解；欣赏农村人文和自然景观；欣赏或购买各种特色农产品等。

沉浸式体验活动。如务农耕种、采摘、认养、加工特色农产品、参与民俗活动、体验乡村节庆、研习农家菜肴，或者参与个人或家庭的竞赛活动等。

趣味型体验活动。如漂流、拔河、跳绳、攀岩、蹦极、沙滩排球、爬树等；也可以引入开心农场、植物大战僵尸、熊出没、喜羊羊与灰太狼等卡通动画元素，设计动画主题体验项目。

（二）升级原乡环境，营造良好的乡村氛围

自然环境。充分利用乡村的地质地貌、水体、生物、植被、气候状况等，给旅游者带来体验自然、品味乡村的氛围。

人文环境。注重乡村整体人文氛围的营造，打造乡村建筑外观的人文特色、村落局部的人文环境、乡村传统的人文活动。

（三）完善乡村基础设施和服务

包括设置旅游标识、旅游线路等宣传设施，改善交通条件，提供住宿、餐饮、购物、紧急医疗等服务，建设耕种、采果、摘蔬、制茶、垂钓、认养、加工特色农产品或特色菜肴等旅游活动的场所设施，提供多样化的旅游服务。

三、乡村资源的开发运用

（一）农业生产资源的利用

一是农业作物。主要有粮食作物（如谷类作物、豆类作物、薯芋类作物等）、园艺作物（如果树、蔬菜、花卉等）、特用作物（如纤维作物、糖料作物、油料作物等）、药用作物（如药草等）、饲料与绿肥作物等。二是农耕活动。主要有旱田耕种、水田耕种、果园耕种、茶圃耕种、蔬菜花卉耕种等。三是农业生产工具。主要有耕作工具、贮存工具、运输工具、防雨防晒工具、装盛工具等。四是养殖资源。主要有牛、马、猪、羊、驴、鸡、鸭、鹅等家禽家畜。

此外，依托田园种植，可以形成瓜果采摘认养、水田游乐体验。如西红柿采摘、西瓜采摘、菜园认养、水田摸泥鳅、水田插秧等体验性项目。通过农业种植计划，引导农作物种植，设计形成田园风情、大地景观、田园小品景观，带来审美体验、避世体验、娱乐体验等。

（二）农民生活资源的运用

一是农民本身，如当地语言、宗教信仰、人文历史等。二是乡村生活特色，如特色饮食、民族衣物、本地建筑物、传统交通方式等。三是文化活动，如传统工艺、民间表演艺术、民俗活动等。

随着中国步入休闲时代，旅游消费模式也在发生着变化，由传统的城市景点观赏向以休闲消费、时间消费为目的的乡村体验度假模式转换。大城市的人们离开喧闹的都市，驱车前往周边的乡村，体验各种形式的乡村生活。在此形势下，开发利用农村原汁原味的生活资源尤其是乡村生活特色、乡村文化特色，使游客在享受自然风光带来的视觉享受的同时，还可以品尝到原汁原味的乡土特产，深入了解当地的民风民俗，能够给城市居民营造缓解压力、释放身心的休闲体验。

（三）农村生态资源的运用

农村生态资源主要有农村生物，包括乡间植物、动物、昆虫等；农村景观，包括当地乡村整体风貌、稻田、果园、巷道、林间等；农村地理，包括地形、土壤、水文等。

经济的发展，带来了环境的污染等问题，特别是大城市。相对城市，绿树成荫、花草茂密、山清水秀、鸟语花香、田园清新的美丽乡村，天然能够吸引游客前来观光体验。利用农村生态资源，辅以旅游配套设施，融入文化元素，是游客休闲、游憩、度假的绝佳选择。

四、乡村体验的主要维度

（一）景观体验

对于纯自然景观而言，乡村景观带有一定的人工雕琢痕迹。但对于城市景观，乡村的人工雕琢程度较低，更显自然。乡村景观处在城市景观和纯自然景观之间，是有自己的生产生活方式的田园风光。乡村景观是一种独特的旅游资源，具有自然与人文并蓄的特点。

建筑景观体验。乡村的建筑代表这个区域的原始风貌。文化和建筑的融合可彰显村镇历史底蕴，例如，一栋立于贵州江河岸边的吊脚楼会让游客流连忘返，这就是建筑景观带来的效果。

农业景观体验。农业是乡村的基础，绿色的田野、无际的田园是城市不可多见的景观。农业景观体验在具体操作中，可以通过品种选择（新、奇、特、稀、珍等）、技术处理（嫁接、修剪、造型等）来实现，通过季节反差、品种反差或塑造景观氛围等方法加以调整、搭配，还可以通过用一些设施作衬托（如艺术支架、通道花镜）或景点背景形成美化的形象，从而使游客获得悦目感。

自然景观体验。乡村自然景观是一种毫无人工修饰的自然群落，是自然、野趣、田园式的景观，乡村自然景观需要根据自身特色，抓住乡村自然特性，保持乡村原生风味。例如，明月的清辉、星光的闪烁，是时时处于光污染包围中的城市人所追求的新奇感受。

（二）文化体验

乡村文化包括地域文化、民俗文化、农耕文化等。乡村文化体验不仅可以丰富乡村体验的功能，还可以对当地的文化进行宣扬传承，形成乡村的发展特质。

地域文化体验。地域文化包括当地的生态环境以及传统文化。中国幅员辽阔，东北、华北、西北、西南、东南等不同地域，不同的省、市、县有着不同的地域文化。乡村体验要凸显不同地域的文化特色，强调文化的地域性，以吸引更多的游客。

民俗文化体验。民俗文化主要是当地居民的风土人情，包括生活习惯、习俗文化、生活方式、建筑风格、语言艺术、民间艺术等。在体验活动中融入当地民风民俗文化，如民间技艺展示、民俗文化表演、民俗晚会等，能够刺激游客的感官，带来新鲜感，使游客印象深刻。

农耕文化体验。农耕文化是乡村与城市最大的区别之一。展示并体验当地的农耕工具、农耕方式、农耕技术成果、现代科技农业等，能够为城市游客带来不同于城市生活的新鲜体验。

（三）互动体验

娱乐体验。娱乐体验在设计时要充分利用当地的自然地理条件，设计具有当地特色的娱乐项目，丰富乡村体验的功能，例如针对水体环境可以设计垂钓捕鱼、捉泥鳅、水上漂流、划船赏景、水上花园等活动项目。娱乐活动的设计也需要满足不同人群的需求，如可以设置秋千等一些儿童娱乐设施。

农作体验。农作体验包括园艺习作、农耕活动、特色农艺等。园艺习作可以让游客体验选种、育苗、施肥、灌溉、修剪、除草、收获、加工处理等劳作乐趣，并学习相关知识。例如，对农作物习性的了解，茶叶的采摘、储存、加工技巧和工艺等。农耕活动，如用犁翻土、用耙碎土、插秧比赛等。可将花田、果园、茶场的土地按块租赁给旅游者，游客利用周末等闲暇时间，带领家人前来养花种树，既可锻炼身体又能增进全家人的感情。特色农艺可以让游客体验纺线织布、剪纸、手工酿酒、土菜烹饪等，还可参与艺术插花、干花书签、花卉风景彩照等制作，以土特产的形式出售给游客当作旅游纪念品。

科普体验。依据当地的农业科技成果、农耕方式、农业生产方式等，让游客，特别是青少年及儿童了解有关农业科技的知识，例如，体会植物从萌发到收获的过程。农村是天然的农业科技户外课堂，可以让青少年及儿童在休闲娱乐的同时，学习科学知识，感受科技的魅力，增长见识，拓宽视野，提升对农业科技的兴趣。

第九章

体验经济时代景中村的发展研究

第一节　景中村的概念界定与相关理论

一、景中村概念

"景中村"这一概念最早是由浙江省杭州市政府提出的，在 2005 年 7 月出台的《杭州西湖风景名胜区景中村管理办法》中被定义为"由杭州西湖风景名胜区管理委员会托管，西湖街道下属，与西湖名胜风景区特定景区融为一体的村（社区）"。目前学术界对景中村内涵尚未有明确的界定。比较有代表性的是侯雯娜、胡巍等的定义，将"景中村"定义为："已纳入风景区规划和管理范围之内，土地集体所有，行政上设立村民委员会，主要居民为农业户口，保留村落的风俗风貌的社会聚落。"

二、景中村的相关理论

（一）竞合理论

竞合理论又称为合作竞争理论，起源于 20 世纪 90 年代的西方商业科学领域，通常用来解释企业或组织之间纷繁复杂的竞争和合作行为。1996年拜瑞·内勒巴夫和亚当·布兰登勃格（Adam M. Brandenburger）出版的《合作竞争》一书意味着企业间的竞合关系逐渐开始作为一个独立的研究领域引起学者们的关注。随着服务业在商业市场的日益繁荣，竞合理论被引入特定的服务业市场，用来塑造服务主体之间竞争与合作并存的关系网络。一些学者开始用竞合理论来指导以村落为主体的旅游发展和以旅游开发为导向的乡村旅游发展。村落旅游服务的组织主体是共存于某一特定空间的各个村落，这些村落之间为了吸引客源而相互竞争，同时为了实现区域旅游收益最大化又可能加强合作。因此，竞合理论对于景中村发展具有重要的指导价值。

（二）资源依赖理论

资源依赖理论萌芽于20世纪40年代，20世纪70年代后广泛应用到组织关系研究中。资源依赖理论属于组织理论的重要理论流派，主要代表作是杰弗里·菲佛（Jeffrey Pfeffer）、杰勒尔德·萨兰基克（Gerald Salancik）的《组织的外部控制》。资源依赖理论提出了四个重要假设：一是组织最重要的是生存；二是为了生存，组织需要资源，而组织通常不能自己生产这些资源；三是组织必须与它所依赖的环境中的因素互动，这些因素通常包含其他组织；四是组织生存建立在一个控制它与其他组织关系的能力基础之上。该理论认为组织行动策略的选择受制于两大因素：焦点组织对资源的依赖程度以及其他组织对此项资源的控制程度。

以景中村为例，作为一个独立的组织存在于景区内部，对景区资源具有巨大的依赖性，但景区管理者对景区资源往往做出严格的控制，这就容易对景中村的发展策略造成限制。

（三）共生理论

共生理论源自生态学。1879年，德国生物学家德贝里（Anton de Barry）第一次在生物共生现象中提出"共生"（symbiosis）一词。例如，猫与三叶草的关系就是生物系统中共生现象最好的体现。相传蜜蜂、姬鼠、猫和三叶草在生物系统中共生，蜜蜂在三叶草的花粉传播中承担搬运工的角色，姬鼠食蜂蛹，猫吃姬鼠，如果猫数量增多则姬鼠减少，蜜蜂得以繁殖，故而三叶草就会长得更茂盛，猫与三叶草之间的依存就是生物系统中的"共生"。苏联的生物学家 Faminstsim、Kozo-Polianski 和 Korskii 等对共生之结果的研究，德国的保罗·布克纳对内共生的研究，威尔逊的社会—生物共生理论等一系列研究，共同奠定了共生理论的基础。随着社会和科学技术的发展，共生理论在哲学、人类学、经济学、社会学、管理学等学科得到广泛发展与应用。

共生理论主要由共生单元、共生环境、共生模式三个要素相互影响和作用而构成。对于景中村和风景区而言，它们的共生是部分（村庄）与整体（风景区）的共生、人（村民）与自然（风景区自然景观）的共生、异质文化（风景区历史人文与外来文化）的共生。

（四）可持续发展理论

1987 年，世界环境与发展委员会在题为《我们共同的未来》的报告中，第一次阐述了"可持续发展"的概念。1992 年，在巴西里约热内卢举行的联合国环境与发展会议上，《21 世纪议程》《气候变化框架公约》等一系列文件明确把发展与环境密切联系在一起，使可持续发展走出了仅在理论上探索的阶段，响亮地提出了可持续发展的战略，并付诸为全球的行动。可持续发展是指既满足当代人的需要，又不对后代人满足其需要的能力构成危害的发展。公平性、持续性、共同性是可持续发展理论的基本原则。最终目的是达到共同、协调、公平、高效、多维的发展。

将可持续发展理论运用到景中村发展实践中，即景中村在发展过程中要充分尊重当地的生态环境，合理利用当地原有的自然资源，既要着眼于眼前的经济效益，也要保证人类长远发展的利益，协调好人与自然之间的关系，促进人与自然和谐稳定的发展。

（五）产业生态化研究

产业生态化的有关研究可以追溯到 20 世纪 80 年代，随着工业化的快速发展，资源低效利用与环境恶化问题的产生迫使产业改变传统的发展方式。人们认识到末端污染处理并非长久之计，产业生态化作为新的发展理念开始被提倡。1989 年，Robert Frosch 和 Nicholas Gallopoulos 通过模拟生物新陈代谢和生态系统循环再生过程开展"产业代谢"研究，在《工业可持续发展战略》一文中提出"产业生态系统"的概念并引起广泛的关注。

在此之后，关于产业生态化的研究逐渐增多，许多国内外学者从多种角度对产业生态化的内涵做了不同的解释。Thomas E. Graedel 等从生态学角度提出产业生态化是通过模仿自然生态系统闭路循环模式，依据生态规律和经济规律构建产业生态系统，实现资源循环利用，减轻环境污染。这个观点强调为实现产业生态化的目的，提高经济发展的质量，须将产业系统的发展类比于自然生态系统有机循环的发展方式，利用生态学范式进行产业经济活动。从系统的角度理解产业生态化，保罗·霍肯（Paul Hawken）等指出，产业生态提供了一种系统整合的管理工具来设计产业系统基础结构，使其成为一系列相互关联、与自然生态系统密切联系的人工生态系统。黄志斌、王晓华认为，产业生态化是将产业活动纳入生态系统的循环中，把产业活动对资源的消耗和对环境的影响纳入生态系统物质能量的总交换过程中，推动产业系统与生态系统的可持续发展。他们指出促进经济、社会、生态可持续发展的关键在于将产业活动纳入地球生态系统大循环中，实现经济效益与生态效益的统一。从多学科视角来看，彭少麟、陆宏芳认为，产业生态学是一门分析产业系统与经济系统以及其同自然系统相互关系的跨学科研究。

（六）游戏及游戏化设计

早在 19 世纪末，游戏理论之父约翰·赫伊津哈（Huizinga）就提出，游戏行为属于人类的天然属性，基于时间与空间的限制才可以发挥，这是游戏规则的约束作用。在游戏期间，人们可以从意识形态层面感受到游戏不同的快慢节奏所带来的紧张、刺激感。约翰·赫伊津哈将游戏的基本特征归纳为：规则、目的与情感体验。

Deterding 等（2011）将游戏化定义为"在非游戏背景下使用游戏设计元素"。他们的目标是利用这个定义将游戏化同玩具、玩乐设计和真正的游戏区分开来，区分元素分为两个对立部分，分别是玩乐与游戏、整体与局部。

简·麦戈尼格尔（Jane McGonigal）在《游戏改变世界》（*Reality is Borken*）中指出，游戏化是互联时代的重要趋势。游戏化设计应具有任务目的、反馈机制、参加要求、参与自觉性四个特点。游戏化将要实现四大目标：更满意的工作、更有把握的成功、更强的社会联系以及更宏大的意义。

第二节　景区旅游发展与景中村功能的协调性

一、景区对景中村的积极意义

（一）改善人居环境

景区面积通常较大，往往具有较高的森林覆盖率和良好的生态环境，发挥着城市"绿肺"的功能。景区不仅具有净化空气、净化水体、降低辐射、降低噪声、杀菌等作用，而且为野生动植物提供了丰富的生态资源，维护了城市的生态系统。景区内的村庄共享着这些得天独厚的生态效益。因此，风景区的自然景观资源为景中村提供了良好聚落环境。

（二）带来经济效益

一方面，景区旅游乘数效应明显，辐射能力强，为景中村注入新的活力元素，为村庄的其他产业发展提供契机，村庄可以借此发展餐饮、住宿等相关产业，与景区产业发展形成联动。另一方面，景区可为景中村提供就业机会，旅游产业的就业成本和技术门槛相对较低，可以提供不同层次的就业岗位，村民可以选择做景区的环卫工人和绿化工人，也可进入景区从事餐饮服务行业。因此，景区有助于解决景中村就业人员过剩问题。由此，风景区的旅游业发展可以增加景中村经济效益。

（三）保护传统文化

传统文化是旅游产业体系中的重要组成部分，虽然在现代社会中很多村庄的传统习俗及物质空间已经失去原有功能与意义，但在旅游产业中仍然能够充分发挥其自身的作用。景区通常会提炼村庄的传统风俗活动作为人文景观的展示，并投入更多的资金和技术去维护修缮村庄的文物及历史建筑等物质景观。因此，风景区在保护景中村的人文效益方面具有积极作用。

二、景中村对景区的积极意义

（一）提升旅游景观

景中村位于景区之中，村民的日常生产生活与区内旅游资源的消耗息息相关。村庄的优化提升可以使村庄本身成为景区核心区与外界之间的过滤带，成为景区的延伸地带。例如，发展观光型绿色农业，或是建设民宿提供接待住宿服务，以购物、娱乐、参观、休闲等模式吸引游客从景区核心区走向周边的过渡区，减轻景区环境压力，有利于旅游资源的永续利用。景中村房舍、道路以及公共区域的设计如果能与整个景区的风格和特色相呼应，可使游客欣赏到多样化、多层次且具有延续性的景观，提升景区的吸引力。

（二）延伸旅游产业链

景中村既可以根据自身条件和游客需要发展餐饮、住宿等服务业，也可以在不造成环境污染的前提下加工一些旅游商品，满足游客在吃、住、游、玩、娱等方面的多重需求。事实上，由于景中村具有质朴、传统的面貌，生活基础设施相对便捷，村民掌握着某种传统手工技艺，往往可以延伸景区旅游产业链条，实现景区和景中村的互利共赢。

（三）优化游客体验

随着我国居民消费升级和旅游业的深入发展，游客在追求自然风光的同时，往往更加期待个性文化的体验，景中村作为景区内的一个天然原生社区，是全方位展现当地风情、营造景区独特魅力的最佳舞台。游客在景中村中可以深入体验当地民风民俗，使得整个旅游过程更加新奇有趣并富有参与性，获得更为丰富的旅游体验。

第三节　景中村的发展现状、特征及困境

一、景中村的发展特征

景中村与景区既矛盾又统一。景中村、景区共存于统一生态环境和邻近的生存空间，但利益主体的差异决定双方既矛盾又统一。例如，旅游景

点与居民点之间的空间竞争情况。风景区的资源相比其他地区的自然环境更为脆弱稀有，为了保证景观的协调性，对景中村村民的行为有了更高的要求。一些村民传统的资源获取方式以及生活生产习惯受到限制。

产业结构发生变化。景区的开发建设在压缩了景中村的传统农业生产空间的同时，也为村庄发展带来新的机会。游客的涌入推动当地居民的产业模式从"第一产业"向"第二、第三产业"转变，由"第一产业"向"第一、第三产业融合"转变。

流动人口数量庞大。由于旅游活动的强季节性以及对劳动力的需要，景中村的流动人口数量庞大。在旅游高峰期，村民会以口头协议的形式招聘外地民工，来帮助他们应对庞大的客流。

二、景中村的开发模式

按开发所涉及的主体，景中村的开发模式大致分为地方政府主导型、农村集体组织主导型、外来投资者主导型、农民个体主导型四类。

地方政府主导型。地方政府主导型是景中村开发的主要模式，一般是政府主导、村民参与。政府建设旅游基础设施，乡村居民通过自主经营旅游服务或在集体旅游企业工作，参与到旅游经营活动之中。若是村民自主开发经营，只需缴纳有关税款和费用，余下的旅游收益全部归经营者所有。若是由村集体经营旅游企业，村民可以获得工资收入和年终利润分红，以及村集体的福利等。另外，旅游基础设施的维护和环境卫生管理由景区统一负责。

农村集体组织主导型。农村集体组织主导型的特点是村集体投资进行旅游开发经营活动，村民参与旅游开发经营决策和利益分配，并直接从事旅游服务和管理工作，主要分为村集体经济体开发、村集体组织全民参与开发两种模式。

外来投资者主导型。外来投资者主导型的特点是由外来投资者或旅游企业统一开发管理经营，包括外来投资者独资经营和外来投资者与当地集体通过股份合作经营。

农民个体主导型。农民个体主导型的特点是景中村村民自主开发经营家庭旅游接待服务并享受旅游带来的利益，包括政府推动村民自主开发模式、集体旅游机构组织农户自主参与开发模式等。

三、景中村面临的困境

（一）景区、景中村割裂发展

目前，国内大多数景区未把景中村规划建设纳入景区总体规划当中，导致很多景中村没有村庄规划，各自为政，成为景区规划管理的"弱区"甚至是"盲区"，处于自发发展状态。研究表明，当乡村旅游地发展到一定阶段，如果缺少政府层面的监管与干预，将不可避免地出现"公地悲剧"，其表现形式主要为公共资源利用无度、公共秩序混沌失序和公共福利供给短缺。在景中村，"公地悲剧"具体表现为房屋乱搭乱建，公共绿地被侵占，道路设施、排水设施、消防设施、路灯设施、环卫设施、公共厕所等市政基础设施和公共服务设施建设不足，生态环境和人居环境恶化[①]。

（二）景区、景中村风貌不协调

国内景中村在建设过程中一般仅片面考虑自身情况，很少与景区的重要景观节点呼应，村庄整体风貌难以体现景区景观风格，一些景中村在建

---

① 朱教藤，丁博禹，洪亮平．景中村改造困境与出路——以武汉东湖大李村"微改造"实践为例［A］//活力城乡 美好人居——2019中国城市规划年会论文集（18乡村规划）［C］．北京：中国城市规划学会，2019：441-451．

设过程中甚至出现破坏风景区的核心景观的情况。还有一些景中村由于位置的关系，更易受到城市建筑的影响，追求"高、大、洋"，但由于个体投入资金有限，建设水平参差不齐，加上村庄缺乏统一规划，最终呈现出"城不像城，村不像村"的景观乱象。同时，景区建设一般较少考虑景中村的原有建筑风貌、民风民俗，多数景中村的景观风貌与景区景观风格衔接不足，两者景观体系相互独立，缺乏景中村和景区的人与自然和谐景观之美。

（三）景区、景中村产业缺乏联动

虽然景区与景中村在空间上相容相依，但多数缺乏功能上的互动。双方产业发展各自为政，景中村的村民在景区周边摆摊、拉客等，甚至景中村与景区形成商业竞争的关系，给景区形象带来负面影响，给双方的发展都带来了负面影响。

第四节　景中村发展及振兴策略

一、景中村发展及振兴原则

（一）生态保护原则

景中村在发展及振兴过程中，要立足本村特色，遵循生态保护原则。发展规划及发展手段均需充分考虑生态环境的可持续发展，并统筹协调景中村的自然生态环境及景区的自然人文风貌。在发展建设过程中，维持景中村自然资源的完整性，保护自然生态、古树名木等地理风貌。在景中村产业发展的过程中，禁止那些对环境产生不利影响的产业，在最大限度地保护自然环境资源的基础上实现景中村产业绿色可持续发展。

（二）乡土特色原则

乡土特色是乡村的宝贵财产，更是景中村最为珍贵的资源，有效地运用乡土元素可以吸引厌倦都市快节奏生活的游客前来品味乡土气息，感受乡村的慢生活，带动景中村的产业发展和乡村振兴。因此，鉴于景中村与景区的密切关系及产业的关联性，景中村在发展振兴的过程中应坚持保留乡土特色。景中村保留乡土元素有利于勾起村民与游客对于乡村的独特情感，同时也有利于乡村传承，塑造景中村的特色形象，营造景中村的特色发展优势。在景中村发展过程中，应充分提取景中村的乡土元素，通过建筑风格、景观小品、乡土特产等多元化载体进行表达。

（三）文脉延续原则

景中村作为景区的一部分，在承载着景区文化的同时，还承载着自身独特的传承文化。景中村在发展过程中，要充分发掘村落的文化底蕴、风俗特色，保护村中现有的文化遗产，弘扬传统民俗文化，让文化在保护中延续，让村落在文化中传承。景中村可以充分利用毗邻景区的区位优势，规划打造人文景点、文化展示馆，策划文化展演、文化小品、文化体验等活动，在延续文化的同时，发展景中村的产业，变文化优势、区位优势为发展优势。

二、景中村发展及振兴策略

（一）村域景区化，景村"共融"

乡村景区化，起源于中国古代的天人合一等人与自然和谐发展的朴素哲学思想。作为一个政策化的规划设计理念，乡村景区化最早脱胎于浙江省的"美丽乡村"建设运动，几经发展，逐步被全国接受进而演绎成为

"中国梦"之"美丽中国"、"美丽浙江"、"美丽杭州"①。

将景区化融入生产生活环境。一是保留和利用自然资源。乡村独有的地形、河流、山体、水库、岸线、田园、森林、菜地等自然资源,都可以成为其乡村景观化建设的重要因素,在最大限度地保留和利用原有的自然山水形态的基础上,对大地景观和野外旅游路径进行精心设计,融入景区空间环境。二是保护和挖掘人文资源。景中村通常有着悠久醇厚的人文历史、丰富多样的人文遗产。依托这些历史和遗产,将极大地提升乡村景区化建设的品质。

创造景区化的特色空间环境。景中村村域总体空间格局应进一步顺应原有的山水自然景观格局,塑造和谐相生的空间关系,并结合村庄的总体空间形态和重要轴线,塑造出"田园—村庄—景区"一体化的自然与人文相呼应的特色空间景观环境。

(二)景村一体化,景村"共建"

对于乡村而言,基于景区的主题和旅游业态,以旅游景区建设的标准提升乡村基础设施和环境,明确和统一景区与乡村的主题形象,以景区的建设为标准,将主题形象融入乡村基础设施及乡村产业、游览、住宿、餐饮、商业、休闲娱乐等服务设施及游览标识系统的建设中,既能形成统一的主题印象,提高乡村颜值,又能提升村民生活水平和旅游的便利性。乡村与以吃、住、行、游、购、娱等为核心的旅游景区服务设施既有所重叠,又具有较强的互补作用。乡村还可以辅以差异化的旅游产品满足景区溢出的市场需求。

对景区而言,乡村可以成为景区开拓新的利润增长点的载体,通过村委

---

① 郑志刚,危良华,杨安平,王勤. 基于乡村景区化的村庄规划研究——以淳安县枫树岭镇铜山村为例[A]//城乡治理与规划改革——2014中国城市规划年会论文集(14小城镇与农村规划)[C]. 北京:中国城市规划学会,2014:9.

统筹的方式，鼓励村民成立股份公司或合作社，将土地、宅基地等资源折股量价，以入股分红等模式进行合作，再把景区想要做的内容填充进去。

（三）产业生态游戏化，景村"共荣"

马斯洛认为人的需求分为生理、安全、社交、尊重、自我实现五个层次。21世纪以来，旅游者通过旅游增加知识，关注自我发展，满足高层次的自我实现的需求越来越多，人们所感受到的快乐可能来自不同的旅游体验，如精神洗礼、自我发现、社会关系的发展等。然而，传统旅游体验往往是浅层次需求的满足，通常以观光娱乐为主导，以消费旅游产品为目的。这种模式已经无法满足旅游者日益增长的高层次需求。由于游戏化在引导用户交流互动，加强用户的参与度、忠诚度和沉浸感上有着极大优势，所以它作为一个优化体验的手段在各个领域中得到普遍使用。在针对旅游体验提升的研究中，游戏化思维已经得到研究者们的认可，并被应用在实践中。有学者指出，游戏是实现旅游体验的一种重要路径。在旅游中，游戏化有两重价值：一是借助游戏活动让游客进行娱乐放松；二是通过游戏化的方式营造特殊情境。在确保旅游功能上的基本需求以后，给用户提供一个参与感强，兼具个性化和趣味性的体验过程，不仅能给用户带来体验层次上精神的满足，而且能保证旅游长久顺利地进行，实现景村"共荣"。

第五节　景中村产业生态游戏化体验设计

一、旅游体验动态模型

旅游体验是旅游者心理水平改变及心理结构调整的过程，主要表现是旅游需要的满足程度。它是一个不断变化的动态过程，贯穿旅游前的准备阶段、旅游中的浸入阶段及旅游后的回味阶段。同时，旅游体验作为一种心理感受，主要以情感的形式表现出来（见图9-1）。

最为常用的旅游体验动态模型由七个阶段构成。分别是：①兴趣的定位（O）——原始旅游资源的吸引力；②兴趣的强化（A）——对旅游地的宣传营销；③游览（V）——实地旅游体验；④对比评价（E）——与游客自身早期经历对比与评价；⑤体验储存（S）——购买纪念品、发展新的社交关系、获得精神愉悦等；⑥情景重现（R）——旅游地特色情景反复出现与回忆；⑦体验积累（EN）——经历的阶段越多，旅游体验的强度就越大。

管理者和设计师可以通过调整兴趣的定位（O）、兴趣的强化（A）、游览（V）、对比评价（E）、体验储存（S）、情景重现（R）、体验积累（EN）等节点上的可控因素，对旅游体验管理和优化。

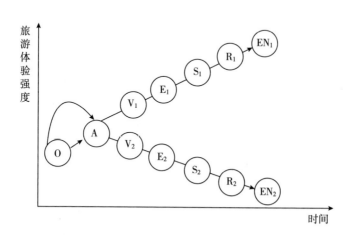

图9-1 旅游体验动态模型

资料来源：李晓琴. 旅游体验影响因素与动态模型的建立［J］. 桂林旅游高等专科学报，2006（5）：609-611.

从图 9-1 中可以看出，$O\text{-}EN_1$ 与 $O\text{-}EN_2$ 的旅游体验结果截然相反，其原因在于旅游体验形成是不断积累的，后一阶段旅游体验在不断地调整或者颠覆着前一阶段体验。如不加干预，不好的体验将会一直积累，达到低谷；反之亦然。对管理者和设计师来说，前两个阶段由旅游地本身资源所决定，情景重现（R）则强调特色场景或记忆点的重复出现。由此，旅游体验设计介入最有效的阶段主要集中在游览（V）、对比评价（E）、体验储存（S）和体验积累（EN）四个阶段。

二、MDA 设计框架

MDA 是机制（Mechanics）、动态（Dynamics）、美学（Aesthetics）的简称。MDA 设计框架是最基础，也是最重要的游戏设计方法之一，其核心是给设计师提供自下而上的玩家角度和自上而下的游戏机制角度两种相对的思考方式（见图 9-2）。

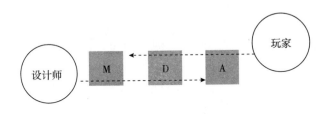

图 9-2　MDA 设计框架

其中，游戏机制指的是游戏规则，奠定游戏互动的基础。游戏机制本质是游戏和游戏规则之间的互动方法。例如，适当地提高游戏的难度能激发玩家挑战积极性和欲望，游戏能否保证公平也依赖于游戏机制是否平衡。游戏动态是指游戏节奏，是一个动态的系统，本质上是游戏过程中玩家与游戏机制互动的过程。游戏美学指游戏体验，是玩家在这个动态系统中的互动结果，既有情绪反应也有思想反馈。

三、八角行为框架

八角行为分析法出自《游戏化实战》一书。八角行为分析法的八角形状以及对应的游戏化八大核心驱动力，表明了几乎每款成功的游戏都受到某种核心驱动力的支撑，而且这个驱动力会影响我们一系列的决策和行为。

核心驱动力1：史诗意义与使命感。这一核心驱动力是指玩家认为自己所做的事情具有重大的意义。例如，蚂蚁森林种树是可以做公益的，用户种植的树真的会成为沙漠中的一抹绿，用户会认为自己正在保护地球。

核心驱动力2：进步与成就感。进步与成就感是我们取得进步、提升能力和克服挑战的内在驱动力。这一核心驱动力的关键是要让用户克服挑战后感到有成就感。

核心驱动力3：创意授权与反馈。这一驱动力能驱使玩家全身心地投入到创造的过程中，不断找出新事物，并尝试不同的组合。人们不仅需要表达创造力的途径，还需要能看到创造力的结果，并能获得及时的反馈和调整。例如，绘画会让人觉得有趣并且坚持创作，即使游戏设计师不再设计新的内容也能让游戏持续保持新鲜感和吸引力。

核心驱动力4：所有权与拥有感。所有权与拥有感是指当玩家感到他们拥有某样东西时，会因而受到激励，自然就会想要把这样东西变得更美好。这一驱动力是人类占有欲的表现。例如庄园类游戏，用户耗费时间培育出自己的虚拟农产品后，自然产生了一种拥有感。

核心驱动力5：社交影响与关联性。这一驱动力包含了所有激励人们的社交因素，包括师徒关系、社会认同、社会反馈、伙伴关系，甚至是竞争和嫉妒。

核心驱动力6：稀缺性与渴望感。这是一种由渴望感而引起的驱动力，因为无法立刻获得，所以会使得玩家总是想着它。例如"锦鲤"现象，大家为了这极低概率又极高诱惑的奖励纷纷投入转发。

核心驱动力7：未知性与好奇心。当人们遇到未知的事物时，就会产生好奇心。最普遍的例子就是看电影和看小说，因为不清楚接下来会发生什么，大家就会对它产生兴趣并持续关注它。

核心驱动力8：损失与逃避心理。损失与逃避心理让我们都不希望有坏事情发生。①

---

① 王珏如．旅游特色小镇的游戏化体验设计探究——以杭州南宋皇城小镇为例［D］．北京：中国美术学院硕士学位论文，2019.

第十章

体验经济与乡村振兴的案例

第一节　国际体验经济与乡村振兴的案例

一、美国纳帕溪谷

纳帕溪谷，位于旧金山以北 80 千米，约 48.28 千米长，当地风景美丽、淳朴自然，不但很适合葡萄的生长，而且成为因红酒文化、庄园文化而久负盛名的旅游观光度假地，它是电影《云中漫步》的外景地。

（1）产业发展：纳帕溪谷出产美国品质最高的葡萄酒，最早的葡萄园建于 1886 年，从家庭或小作坊生产的葡萄酒到大托拉斯酒厂，规模已达到近 200 家。近年来，纳帕溪谷的葡萄酒世界闻名。除此以外，纳帕溪谷还大力发展精致的衍生工艺纪念品等。

（2）特色农庄：纳帕溪谷实行一户一特色，包括品酒俱乐部、葡萄酒研发中心、葡萄酒与艺术品品赏休闲中心、商务会议、历史展示、葡萄酒文化发展展示、婚庆服务等。

（3）高品质的配套服务：纳帕溪谷提供高品质的食、住、行、娱活动设施和环境优美的户外购物场所，设立信息齐全、服务细致的游客服务中心，为游客提供独特的交通体验，并建立了精致系统的博物馆。

纳帕溪谷可以体验的旅游活动包括：酒厂参观、品酒、美食、SPA、高尔夫、热气球、各类体育休闲活动、生态农业游项目、农贸市场农产品采购等。特色项目类型包括："品酒列车"、自行车谷地游、豪华轿车游、婚庆蜜月游、葡萄酒 SPA 等。其中，品酒列车是纳帕溪谷将一列古董火车装修成"品酒列车"，每天行驶在山谷中，是专门为游客打造的一种新型品酒体验方式。

纳帕溪谷葡萄酒产业至今已形成了葡萄种植、加工、品尝、销售、游览、展会等全产业链，使得葡萄酒文化能够完整地在产业中展现出来。纳帕溪谷建设三产融合的产业发展路径，注重文化体验的建设，使产业与文化联系更为紧密，这是纳帕溪谷成功的重要经验。

二、德国施雷勃田园

施雷勃田园是德国首创的生活生态型市民田园。德国最早的施雷勃田园，位于德国莱比锡，独门独院，别具风格，充满了大自然情趣和文化气息，如同微缩的露天民居博物馆。在每一户小田园里，主题建筑是童话世界般的"小木屋"，院子里有辘轳井或泵水井，地上摆放着精美可爱的小风车和各种家禽模型。小木屋门前有长满奇花异草的蔬菜园。施雷勃田园还有一个特别的用处，这里不但是孩子们的游戏运动场所，同时也是他们学习、体验大自然的美好课堂。每到旅游旺季，施雷勃田园总是人声鼎沸，租赁供不应求。施雷勃田园不仅为游客提供了休闲健身，享受大自然，躲避城市喧嚣的"世外桃源"，更为游客提供了体验"山间劳动"的机会。目前，德国全国已有超过百万个施雷勃田园。

施雷勃田园不但解决了德国的产业问题，更成为一种区域或城市可持续发展的优秀范本。位于城市周围的施雷勃田园区种满了绿草鲜花及蔬菜等，构成了良好的生态环境，为居民输送了大量的新鲜空气，调节了空气的湿度和温度。据有关专家研究报告，一个拥有 50 户田园的施雷勃田园小区占地面积大约 25000 平方米，12 小时便可过滤 2000 千克空气中的二氧化碳，同时产生出 1800 千克的氧气。

施雷勃田园的成功，一是其科学智慧的建设理念。德国人采用了科学智慧的建设理念重建家园，建筑物整体风格突出体现了德国的民族文化，按"二战"前各个时期的传统风格修建，如用具有时代象征意义的水井、田园风车和各种家禽模型作为农舍装饰等。建筑规划设计遵循国家的生态绿色标准和环境保护标准，木屋周边都是长满奇花异草的花园或种满各种蔬菜的蔬菜园。按照规定，田园里的蔬菜和鲜花只许种不许收，秋后枯萎在地里可保护土壤水分，来年化成春泥，使土壤更加肥沃。这样的田园既不乏文化韵味，又充满自然之美。二是强化规划设计和统一管理，将施雷勃纳入社会管理体系。田园土地一部分来源于县、镇政府提供的公用土地，一部分是居民提供的私有土地，土地对外出租，租赁者享有一定年限的使用权，可自行决定如何经营。但租赁者需要与施雷勃田园协会签订租赁协议，协议内容根据德国的《民法》《公园法》和《邻居法》制定，签订后租赁者便可成为田园协会会员，由协会进行统一管理，规范有序。三是规划建设管理专业、严谨、合理。对田园公共设施的建设、修缮和管理，供水排水、垃圾废弃物处理、植物维护修理、杂草铲除以及动物饲养和田园小区关闭时间等都有明确且具体的规定。同时，对田园的整体布局和使用面积都进行了科学合理的划分，比如草地面积大小、树木棵数甚至高低都有严格规定，田园中小木屋最大占地面积不得超过 24 平方米。这些管理规定的制定和实施，既严谨又合理；既可避免租赁后发生矛盾，又能保持田园友好和谐的气氛。

三、法国普罗旺斯

普罗旺斯位于法国东南部，毗邻地中海，和意大利接壤，是从地中海沿岸延伸到内陆的丘陵地带。普罗旺斯是法国最美丽的乡村度假胜地，薰衣草几乎成为普罗旺斯的代名词，当地充足灿烂的阳光最适合薰衣草的成长，不仅吸引了来自世界各地的度假人群欣赏花海，还带动了一系列薰衣草产品的销售。除了游览，当地特色美食——橄榄油、葡萄酒、松露也享誉世界。此外，还有持续不断的旅游节庆活动，来营造浓厚的节日氛围和艺术氛围。

法国普罗旺斯给人最主要的几大印象有：海滩、薰衣草、法式美食、嘉年华、罗马特色的古城堡，这些是完美的度假组合。普罗旺斯在满足经济生产的同时，在旅游吸引力的打造上具有以下特点：打造唯美浪漫的景观环境、举办丰富多彩的节庆活动、宣传富有地域特色的民俗文化。

法国休闲农业的发展得益于多个非政府组织机构的联合。各行业协会在政府的政策指导下制定相关的行业规范和质量标准，推动以农场经营为主的休闲农业得到快速发展。普罗旺斯是法国发展休闲农业和乡村旅游的典范，实现一二三产融合，发展优势项目，做出特色，具有长久、旺盛的生命力。普罗旺斯更是作为一种生活方式的代名词，已经和香榭丽舍一样成为法国最令人神往的目的地，几乎是所有人"逃逸都市、享受慵懒"的梦想之地。

普罗旺斯注重游客体验的情感。一是通过农业产业化，让游客体验并乐在其中。游客不仅可以参观和参与酿造葡萄酒的全过程，而且还可以在作坊里品尝，并可以将自己酿好的酒带走，其中的乐趣与在商场购物完全不一样。同样，游客在田间观赏薰衣草等农业景观的同时，还可以到作坊中参观和参与香水、香皂制作的全过程，让游客体会到真正的乡村生活。二是通过生产景观化增加业态，并实现多业态有机结合。运用生态学、环境美学等设计学原理，将农业生产与生态农业建设以及旅游休闲观光有机结合起来，建立集科研、生产、商贸、观光、娱乐、文化、度假、健身等多功能于一体的旅游区。

四、荷兰羊角村

羊角村位于荷兰西北方艾瑟尔省。羊角村东面与德国相邻，南面和比利时接壤，西面和北面濒临北海，距离阿姆斯特丹驾车约 120 千米。"羊角村"名称来源于当时一群挖煤矿的工人定居在那里，他们的挖掘工作使得当地形成了大小不一的水道及湖泊，在每日的挖掘过程中，除了煤，他们还在地下挖出许多羊角，经过鉴定确认这些羊角应该是一批生活在 1170 年左右的野山羊。因此，他们便将那里称作羊角村，该名称一直保留至今。

羊角村土壤贫瘠且泥炭沼泽遍布，除了芦苇与薹属植物外，其他植物不易生长，唯一的资源就是地底下的泥煤。历史上，居民为了挖掘出更多的泥煤块赚钱，不断开凿土地，形成一道道狭窄的沟渠。后来，居民为了使船只能够通过并运送物资，将沟渠拓宽，形成了今日运河湖泊交织的美景。

1974 年，羊角村当地的土地开发委员会正式组建，并制定了土地开发规划。在征得 61% 的农民和农业土地所有者同意后，该规划在 1979 年正式实施。规划覆盖约 5000 公顷的土地，其中 2600 公顷集中用作农业生产用地，2400 公顷用作自然保护用地。自然保护用地中 900 公顷是农户土地，250 公顷是开放水域。几条特定水道用于旅游休闲，其他水道则对旅游关闭，以保护当地的生态①。规划内容包括道路、水利、布局、补贴、用地等方面。具体包括：一是拓宽并增加道路，优化交通可达性；二是新建抽水站，降低农业区域地下水位，提高土地生产效率；三是调整农场布局，使农户更接近自己的土地，方便农户进行作业；四是若农户土地被划定为生态保护区，政府则提供因为农业生产受到限制的补偿金；五是旅游休闲区被限制在几条水道和两个重要湖泊及邻近的村落中，不会影响其农业发展。土地开发将农业用地、生态保护用地、旅游休闲用地分离，由此，实现了地域上的分区化和产业上的专门化。

羊角村如今仍保持着美丽的自然风光，以纵横交错的运河水道、闲适安宁的田园风光、历史悠久的茅草小屋闻名。羊角村没有任何的公路，只有全长 6000 多米的运河水路和 176 座连接各户人家的小木桥。水面映照着一幢幢绿色小屋的倒影，所以也被称为"绿色威尼斯"。同时，羊角村拥有众多的博物馆和教堂，如著名的农场博物馆——Het Olde Maat Uus 博物馆。羊角村还有很多为儿童设计的展览会和特殊活动。羊角村通过影视 IP 与深度策划［如《吹奏》（Fanfare）的电影拍摄地］为人所知，以此为契机，形成了"观光+休闲度假"的产品体系，提供水上观光、田园休闲、文化体验、酒店民宿、运动娱乐、特色餐饮等多种产品服务。

五、瑞士达沃斯

达沃斯小镇隶属瑞士格劳宾登州，靠近奥地利边境，是阿尔卑斯山系

---

① 张驰，张京祥，陈眉舞. 荷兰城乡规划体系中的乡村规划考察［J］. 上海城市规划，2014（4）：88-94.

最高的小镇，海拔 1529 米，人口约 1.3 万，是知名的医疗、会议及度假胜地。

达沃斯在 1850 年是一个贫穷、偏远的农村，只是在格劳宾登州山上的几个分散的农舍。19 世纪上半叶，肺结核肆虐全世界，夺去无数人的生命。1850 年，一位德国医生亚历山大寻求政治庇护定居达沃斯，经过长时间的观察，他发现，达沃斯海拔较高、四面环山、空气新鲜，是肺结核患者的最佳疗养地，同时，当地不存在肺结核病例。此后，瑞士各地的医院纷纷来此设立分院或专科，一时间该区域内聚集了大量医院。自此，达沃斯成为依靠大自然治疗肺结核的一方宝地，被誉为"旅游健康度假村"。时至今日，每年仍有不少国际医学大会在此举行，彰显了达沃斯小镇在医学界的重要地位。

1923 年，亚历山大的两个儿子以他们父亲的名字命名建立了国际冰球锦标赛——"斯宾格勒"杯，帮助年轻人应对第一次世界大战后的创伤。达沃斯也因此建设了许多相关设施：世界第一条雪橇道、世界第一条滑雪索道、世界第一个高尔夫球场等。1971 年，欧洲管理论坛在达沃斯召开，选址达沃斯的原因是创始人施瓦布最爱到达沃斯度假。1987 年，欧洲管理论坛更名为世界经济论坛。论坛年会每年 1 月底至 2 月初在达沃斯小镇召开，故也称"达沃斯论坛"。达沃斯成了全球经济和政治精英聚集的地方，并吸引更多的国际会议选址落户。达沃斯从此名扬天下，吸引越来越多的人来此观光、旅游、运动、度假。

当前，达沃斯成为一座时尚的都市小镇，在街道上马车、电影院、酒吧、咖啡店、酒店、水疗中心林立。市中心有住宿、餐饮、零售、娱乐、博彩等各类商业项目。同时，基尔西纳美术馆、木偶和玩具博物馆等为小镇增添了一种文化艺术气质。达沃斯山顶的滑雪运动、达沃斯马拉松等赋予了小镇与众不同的活力与魅力。

达沃斯小镇拥有得天独厚的自然生态，使得它在医疗和旅游上都有不可替代和无法复制的特点，并通过文化历史的沉淀，形成了医疗、旅游、会议三大完整产业链，造就了世界顶级特色小镇。

六、英国科茨沃尔德

科茨沃尔德位于牛津以西，被誉为"英格兰的心脏"，也是英国"法定特殊自然美景区"，是与法国的普罗旺斯、意大利的托斯卡纳同级别的三大"世界最美的著名乡村"。科茨沃尔德不是一个乡村，而是一片乡村，具体是指切尔腾纳姆、格洛斯特、牛津、亚温河畔史特拉福、巴斯、布里斯托所环绕起来的地区，绵延的乡村风情与科茨沃尔德群山完美融合。科茨沃尔德汇聚着几十个风格各异的中世纪乡村和集市，经典的英式园林，还有诸多保存完好的城堡，著名英剧《唐顿庄园》《傲慢与偏见》《简·爱》等电影均取景此地，同时，这里还是很多名人的故乡。

科茨沃尔德是喜欢田园风光的游客的旅游首选地之一，田园式的居住环境像一个真实的世外桃源。拜伯里是科茨沃尔德中一个极具特色的乡村，英国著名的画家和工艺美术家 William Morris 曾居住在拜伯里，并评价"拜伯里是科茨沃尔德最美的村庄"。《福克斯新闻》曾报道它是全世界最诗情画意的村庄。拜伯里更是于 2014 年被《赫芬顿邮报》评为"欧洲最迷人的必经之处"。虽然拜伯里久负盛名，但当地人还是坚持传统的生活方式，美如画的小镇也没有过多地沾染上商业气息，在马路上经常可以看到运草垛的卡车来回穿梭。

七、西班牙胡斯卡

胡斯卡位于西班牙安达卢西亚地区、马拉加省隆达山区。因安达卢西亚地区夏季炎热，房子刷成白色可以反射太阳光，所以这个地区几乎所有的小镇都是一种颜色、一种风情。胡斯卡曾经和周边无数小镇一样，是一个白墙红瓦的传统小镇，它资质平平，距离最近的大城市隆达 22 千米，距离马拉加省 113 千米，既不处于交通要道，也没有独特的风景，只有约 200 名居民，每年接待不超过 300 名旅游者。因此，当地最高的楼房不过三层，经济还是来源于古老的种植业。

2011 年，索尼公司推出 3D 动画片《蓝精灵》，亟须推广宣传。蓝精灵生活在蘑菇房子里，而胡斯卡以盛产蘑菇而闻名，每到秋季，周边山里会长满超过 150 种蘑菇，因此，索尼公司选择胡斯卡作为电影的宣传基地。为了配合电影的宣传，在电影上映前夕，油漆工用 4000 升蓝色油漆把整个小镇全部的房子乃至镇政府大楼、教堂和公墓都统一刷成蓝色。胡斯卡在索尼的"粉刷"下，成为世界上第一个也是唯一一个官方授权的蓝精灵村。

在电影宣传期间，胡斯卡一下子名声大噪，成为安达卢西亚地区当季最热门的旅游目的地，蓝精灵的粉丝纷至沓来。在其后 6 个月内，有超过 8000 名旅游者来访，在之后的一年增加到 125000 人，而之前的游客量每年仅 300 人左右①。

在小镇粉刷之前，为了避免招致"传统主义者"的反对，索尼就与镇上居民达成协议，在宣传季过后，就免费将房子重新刷成白色，恢复村庄原有的模样。但由于当地居民享受到了这一前所未有的关注、商机以及"童话村"居民的身份荣誉，经小镇居民投票，大多数人都赞同将蓝色留下。

此后，胡斯卡在"变颜色"的基础上，充分挖掘蓝精灵"大家族"的

---

① https://www.sohu.com/a/452624646_ 120168591.

特征，做足蓝精灵的文章，打造现实版的蓝精灵小镇。包括重新设计了包含蓝精灵元素的小镇 Logo，推出"蓝精灵村"旅游地图，建设具有蓝精灵标志的指示系统、公共工具，绘制蓝精灵可爱壁画，放置蓝精灵雕塑。同时，通过蓝精灵角色扮演、蓝精灵主题宾馆、蓝精灵集市、蓝精灵主题公园等不同的活动设计，全方位、全息化强化蓝精灵王国体验，被亲切地称为"蓝精灵镇"。

由此，一个坐落在安达卢西亚山区的西班牙传统小镇，因为电影《蓝精灵》将宣传地选在此，完成了从平凡白墙红瓦的传统小镇到世界闻名的"童话村"的蝶变，实现了从传统种植业到乡村旅游业的转型，也因此成为乡村振兴的典型示范。

八、日本水上町

水上町位于日本群马县北部，占地约 350 公顷，共有 4 个村落。水上町群山围绕，各种绿色自然资源丰富，水资源也十分丰富。受太平洋气候影响，夏季雷雨较多，但冬天几乎不下雨，温度会降至零下 10 摄氏度左右。1990 年，水上町当地政府提出了"农村公园"构想，把整个水上町看成广域的公园，将当地观光资源最大化，将农业与旅游休闲融为一体，自此水上町走上了乡村旅游发展的道路。

水上町核心旅游项目包括胡桃雕刻、彩绘、草编、木织（用树皮织布）、陶艺等传统手工艺作坊。目前，水上町已经建成了农村环境改善中心、农林渔业体验实习馆、农产品加工所、畜产业综合设施以及两个村营温泉中心、一处讲述民间传说和展示传统戏剧的演出设施。

发展特色温泉养生度假游。水上町立足于日本温泉沐浴文化，从养生、健康理念出发，把温泉的养生功能与休闲功能进行了完美结合，建成了村营温泉中心。根据游客的需求，村营温泉中心设置了各种主题温泉，游客可根据自己的喜好进行选择。通过温泉沐浴和接受御式服务，游人的旅游体验也得到极大提升，形成了良好的口碑，增强了水上町的旅游吸引力。

水上町注重文化打造与弘扬，提高游客参与性。水上町在建设"工匠之乡"之初，制定了以保存史迹、继承手工艺传统、发扬日本饮食文化为基本方针的规划。在乡村产品的开发上，水上町始终围绕着这一基本方针开发各种特色旅游项目，其中"工匠之乡"的建设成绩最为突出，发展了"人偶之家"、"面具之家"、"竹编之家"、"茶壶之家"、"陶艺之家"等30多个传统手工艺作坊，这一概念的提出吸引了日本各地成千上万的手工艺者举家搬迁过来。"体验农村文化"是"工匠之乡"向市场推出的主打概念，以传统特色手工艺为卖点，进行产业化发展和整体营销，提供产品生产的现场教学和制作体验，大力发展特色体验旅游，获得了极大的成功。游客在游览时不仅可以现场观摩手工艺品的制作过程，还可以在坊主的指导下亲自动手体验，极大地增加了旅游的参与性，增添了旅游乐趣。比如，游客可以现场观摩和体验胡桃雕刻、彩绘、草编、木织、陶艺等手工艺品的制作过程，通过亲身体验，充分享受各种工艺品制作的乐趣。

水上町"一村一品"特色旅游产业发展模式，既弘扬了当地的民族文化，又极大地提高了农民的生产生活水平，激活了地方经济并促进了产业化发展。振兴家乡的"农村公园"构想，为建设现代化新农村、发展地方经济做出了贡献。

九、韩国釜山甘川文化村

韩国釜山甘川洞地处韩国第二大城市釜山的沙下区，位于当地天摩山和峨眉山之间。2009 年，为了克服经济危机造成的经济不景气等社会问题，韩国政府开始推行"村落艺术"项目。该项目主要是通过文化艺术的创新激活地区经济，挖掘历史文化潜力，解决经济社会发展中落后的老旧村落面临的一系列问题。其中，就包括釜山甘川洞。被列入韩国"村落艺术"项目之后，通过 2009 年一期的"梦想中的马丘比丘"、2010 年二期的"美好迷路"、2012 年三期的"幸福翻番"，甘川洞地区面貌发生了巨大转变，从人人避之不及的贫困村成了充满浓郁艺术氛围的美丽乡村。

梦想中的马丘比丘。甘川洞地区的房屋依山而建，多为低层，是山腹道路和山边独特的阶梯式住宅形态。景观起伏变化，住户之间没有围墙，各家相通，也因此被誉为韩国的"马丘比丘"[①]。以此为基础，"梦想中的马丘比丘"项目以山路为中心，选择 12 个区域进行创作、设置艺术品。"人与鸟"、"彩虹之村"、"蒲公英的悄悄话"等知名景点，赋予地区新的活力，激起地区居民的乡情和自豪感。

美好迷路。美好迷路主要包括"空房子"和"胡同"两项改造活动。空房子改造主要是利用甘川洞地区内 6 处空房子进行艺术文化创作活动，胡同改造主要是在胡同墙壁上画了箭头及路标，并在沿线设置了艺术作品。

幸福翻番。幸福翻番则是在一、二期的基础上，运用艺术品等艺术元素再次装饰空房子、胡同及村庄，持续改善地区环境。

在艺术家、当地村民、政府与志愿者们的共同努力下，"村落艺术"项目通过挖掘甘川洞村的历史文化内涵，在保留村落内原有建筑结构原始风貌的基础上，极大地发挥了阶梯式住宅形态的美学特征，使之成为韩国城市再生的最佳展示场[②]。改造后的甘川洞村，村容村貌焕然一新，一跃

---

① 魏寒宾，唐燕，金世镛．"文化艺术"手段下的城乡居住环境改善策略——以韩国釜山甘川洞文化村为例［J］．规划师，2016，32（2）：130-134.
② 王经绫．文化艺术创新与传统村落的振兴——以韩国釜山甘川洞特色文化村为个案的研究［J］．世界民族，2021（2）：59-70.

成为韩国最热门的新兴景区之一，被称为"亚洲最美的文化艺术村落"、韩国的"圣托里尼"，前去观光的游客都是奔着其特有的文化艺术与历史气息而来。

韩国釜山甘川洞文化村让文化成为新的生产要素，通过"文化+旅游"、"文化+艺术"等文化体验，构建了具有核心竞争力、独特体验性的产业体系，极大地提高了该村的生产效率，实现了从贫困村到全球知名文化村的华丽蜕变。

第二节　中国以乡村体验旅游为特色的乡村振兴案例

一、江苏省无锡市灵山小镇·拈花湾

拈花湾位于江苏省无锡市滨湖区马山国家风景名胜区内，其名字源于佛经中"佛祖拈花，伽叶微笑"的典故。拈花湾规划面积1600亩，建设用地1300亩，建筑面积约35万平方米，景观面积55万平方米，水域面积20万平方米，容积率0.45，建筑密度23%。拈花湾是集吃、住、游、购、娱、会务于一体的禅文化主题旅游度假综合体，有灵山大佛和世界佛教论坛永久会址的配套设施，整体建筑风格参考了日本奈良的风格，又融入了中国江南小镇特有的水系，打造出了一种独有的建筑风格，是东方禅文化度假体验区，以及集禅居、禅艺、禅境、禅景、禅悦为一体的心灵度假目的地。

拈花湾主体功能布局包括"五谷"、"一街"、"一堂"，形成以"五瓣佛莲"为原型的总平面。"五谷"分别为云门谷、竹溪谷、银杏谷、禅心谷、鹿鸣谷，形似五瓣花瓣，主体功能涵盖会议、酒店、度假房产；"一街"即香月花街，位于花心，是拈花湾的核心商业街区；"一堂"即胥山大禅堂，位于花干，既是大型禅修体验场所，也是拈花湾的大型景区标志物。

拈花湾中各具特色的旅游商店集中于香月花街，主要包括特色手工艺品、特色服饰、陶艺、茶艺等，占项目体量的比例约为 20%；餐饮集中于滨湖美食街，景观秀丽，有大面积的滨水外摆空间，占项目体量的比例约为 25%；客栈共有 13 家，分别是一花一世界、吃茶去、棒喝、一池荷叶、半窗疏影、门前一棵松、萤火小墅、芦花宿、百尺竿、云半间、一轮明月、无门关、无尘，占项目体量的比例约为 20%；度假公寓有院落式、联排式两种建筑类型，占项目体量的比例约为 15%；其他业态方面酒吧占比约为 15%，主要为清酒吧、冷饮店、茶馆等；配套商业占比约为 5%，主要有超市、便利店、KTV 等。

拈花湾以打造融合自然、人文、生活方式的旅游度假目的地为目标，开创心灵度假的休闲旅游新模式。拈花湾小镇"禅文化"是在传承融合禅文化、传统文化和民俗文化的基础之上，通过禅意的文化休闲度假方式，使人们在具有禅意优势的山水之间，感受"新时尚东方秘境"的禅意生态魅力，使其有别于乌镇、周庄等传统江南水乡，形成以"滋养心身"为鲜明特色的心灵度假模式。拈花湾主题体验活动《禅行》，以拈花湾的山水禅境和景观建筑为载体，借现代数字多媒体技术和舞台表演艺术，演绎了禅宗的法脉源流和精神内涵，集中展示了茶道、花道、香道、琴道等富有传统文化魅力的生活情境。

此外，拈花湾在产品设计、盈利模式、活动运营等方面均进行了创新设计，重视身、心、灵独特体验的人文关怀，促使其取得了不菲的成绩。

二、陕西省咸阳市袁家村

袁家村位于中国陕西关中平原腹地，坐落在陕西省咸阳市礼泉县烟霞镇北面的举世闻名的唐太宗李世民昭陵九嵕山下。袁家村把关中地区民俗传统文化与现代旅游相结合，将该地区特有的民俗小吃、茶馆、技艺、游乐与现代的文化创意、休闲体验生活方式结合在一起，是乡村旅游"黑马典范"，创造了"袁家村模式"。

袁家村以展现关中风情为主，全方位发展创意产业，大力发展乡村旅游，同时不断强化品牌特色，扩建关中民俗街，打造时尚和现代元素相结合的康庄文化娱乐街，总建筑面积2.3万平方米，涵盖了阿兰德国际会馆、关中客栈、各式酒吧、咖啡馆、书屋、书画院、国际小商品超市、多功能广场、养生堂和游戏拓展中心等30多家店铺。袁家村将传统东方文明与现代西方的文化创意、旅游休闲方式结合在了一起，娓娓讲述陕西关中地区独有的文化故事，构成了极具特色的旅游吸引力。

袁家村是田园综合体模式的典范，它从乡村旅游起步，实现由三产带二产、促一产，三产融合良性循环发展。它通过打造以关中民俗和乡村生活为特色的关中印象体验地景区，从品牌、主题、创意、风格到业态、招商、运营、管理、制度等形成村景一体、三产融合、相容共生、互补兼顾、层次递进、环环相扣的商业模式。袁家村以"旅游+"、"互联网+"，推动农副产品的线上线下销售，并建立了完善的食品质量监管体系，塑造品牌美誉度和信誉度，使产业持续发展，农民持续增收。

袁家村通过自主创新打造出特色小镇，以特色文化、美景、美食和美宿吸引了大量游客；建立了三产融合发展的商业模式，用自己的品牌和模式与大型企业开展合作，共同开发市场；创建了农民创业平台，让农民真正成为经营主体，采用股份合作的方式调节收入分配，提高全村村民的收入。袁家村更是在总结自身发展经验的基础上，定义"袁家村模式"，对外开展培训、咨询、策划和设计业务，推广其成功经验。

三、西藏自治区林芝市鲁朗国际旅游小镇

鲁朗国际旅游小镇位于西藏自治区林芝市鲁朗镇，旅游资源丰富，以冰川地貌、高山峡谷和动植物资源景观为主，冰川、高山、峡谷、草甸、森林、河流、湖泊等各种景观并存，是不可多得的顶级旅游资源地。"景观优先、形态完整"是鲁朗国际旅游小镇的设计原则，该项目在景观方面最大限度地利用鲁朗自然地理的价值，湖光山色和建筑美妙融合，构成一幅人文与自然的美丽图画。

鲁朗国际旅游小镇在风格形态上被定位为具有民族特色的片区，以"藏族文化、自然生态、圣洁宁静、现代时尚"为理念，继承藏族建筑设计的精华，以鲁朗尼洋河为魂，以藏式建筑为主要特色，是融合藏族建筑特色与现代城镇功能的典型代表。鲁朗国际旅游小镇从城镇布局、建筑环境等各个方面体现藏族文化内涵，是具有鲜明藏族文化特征的特色旅游小镇。

鲁朗国际旅游小镇分为南区、西区、中区、北区和鲁朗镇五个功能区域。南区是迎接游客的前厅；中区是五星级半开放式酒店群，游人"近可观湖景湿地，中可观牧草牦牛、盛开的桃树，远可观壮丽的雪山"；北区是独栋酒店区；西区为北区、中区、南区的酒店提供后勤服务；鲁朗镇主要是藏式商业步行街、特色民居等。

鲁朗国际旅游小镇现有"东方瑞士"的美誉，其成功之处：一是以特

色、统一的建设规划改变了小镇原有无规划、无风格、低端设计的建筑格局；二是综合治理周边村庄村容村貌，提升了家庭旅馆的服务品质；三是整合周边主要的旅游资源，提升接待能力和水平，充分扩展了旅游产业的辐射和带动效应，促使林芝县走上了生态绿色的发展之路。

四、江苏省江阴市华西村

华西村位于江苏省江阴市华士镇，近年来，华西村先后荣获了"全国先进基层党组织""全国模范村民委员会""全国文明村镇""全国文化典范村示范点"等多项荣誉，更是有"天下第一村"的美誉，党和国家领导人，都对华西村给予了充分肯定和高度评价。

华西村的发展目标是打造"农村都市"，既要有都市品质，又不失农村特色，要让老百姓享受到城市的设施和服务。

无农不稳，无工不富。华西村从工业发家，实现了强村梦。华西村的工业，从无到有，从小到大，不断发展壮大。在改革开放之后华西村成立了江苏华西集团有限公司（简称华西集团），华西集团现有下属企业100多家，不仅生产设备先进，而且创造出了"华西村"牌、"仁宝"牌等一系列知名产品。华西村控股的江苏华西村股份有限公司已经上市，截至2021年3月31日资产已达85.76亿元。

华西村，是我国农村发展的一面旗帜，不断改写着农村发展的新高度。华西村以推动产业转型为重心，以"不是要我转，而是我要转"为理念，以"体力转脑力、数量转质量、传统转现代"为举措，逐步走出了一条"空间开拓在外部，成果体现在本部"的转型之路，形成了旅游服务"特色化"，金融投资"品牌化"，物流仓储"规模化"，海洋运输"国际化"，海洋工程"全球化"的"五大板块、五化推进"的崭新格局，实现三产融合发展。

华西村推出的"农家乐趣游"、"田园风光游"、"休闲生态游"等旅游产品不仅满足了都市人体验农家生活、追求休闲、度假的需求，还开辟了"农家乐"特色游，住传统农舍、烧传统锅灶、用传统厨具，自钓活鱼、自摘蔬菜、自饮自娱的经营方式，让城市游客不仅尝到鲜美地道的农家菜，也感受到农家生活的新鲜和乐趣。

华西村重视游客的田园体验，对传统特色项目进行深度挖掘，发展多样化的农家体验产品，是其能发展成为全国闻名的现代化示范村的重要因素。

五、山东省沂蒙山白石屋村

沂蒙山白石屋村是著名的"沂蒙山小调"的诞生地，依托"沂蒙山小调"的影响力，打造了白石屋村特色旅游产品，以旅游带动相关产业发展，使白石屋村跨入了一个崭新的发展历程。

"沂蒙山小调"的历史沿革。1940年，抗大一分校文工团来到了费县白石屋村，与当地百姓形成了生死相依的紧密关系，军爱民、民拥军，团结抗日。文工团员李林、阮若珊就在抗日的艰难时期创作了脍炙人口的、闻名全国的《沂蒙山小调》。

沂蒙山小调旅游区以"沂蒙山小调"诞生地为核心，包括北入口服务区和沂蒙山小调活态博物馆两大主要部分。该博物馆根据地理形态及建筑把道路布局分为入口景观、沂蒙山小调广场、民俗博物馆、美食文化街、民间艺术文化园、登山入口广场六个分区。沂蒙山小调旅游区在景区沿街设置餐馆、茶座、民宿、游乐景点、景观节点等，为游客提供食、住、娱、购等服务，推动白石屋村经济发展，提升白石屋村的文化内涵和村民收入，使白石屋村从众多乡村振兴的旅游产品中脱颖而出，运营第一年即接待了120万人次的游客，成绩斐然。

沂蒙山小调旅游区虽然拥有丰富的文化遗产资源，但相对缺乏现实载体。所以，在保护白石屋村历史文化的基础上，以恢复1940年抗大一分校文工团在此生活时期的村落场景为核心，沂蒙山小调旅游区打造了一座融合音乐文化、民俗文化、红色文化、生态文化等多种文化元素的小调活态博物馆，打造了"沂蒙人家""沂蒙物产""沂蒙风俗""沂蒙声音""沂蒙美食""沂蒙历史""沂蒙精神""沂蒙山小调诞生记"八个主题院落，充分展示当地的历史特色，衍生创意文化，延展红色文化等。

白石屋村的成功，除了传统文化展示、爱国主义教育等功能，更融入了民俗体验、娱乐、购物、主题表演等多种元素，强调了游客的参与体验，增强当地村民与游客间的互动，提升了项目的鲜活力。

第三节　中国以休闲体验农业为特色的乡村振兴案例

一、江苏省无锡市田园东方

田园东方，位于无锡市惠山区阳山镇北部，东南部与西南部分别与阳山镇老镇区和新镇区相接，新长铁路穿过其南部，总面积约占镇区总面积的1/10。

阳山镇是"中国水蜜桃之乡"，当地农户以水蜜桃种植和水产养殖为主，一个个乡村散落在大片农地之中，桃林、塘前、河边、桃畔、屋下、田间，处处散发着浓郁的田园、自然、静谧的气息，与自然呈现出了良好的共生关系。

田园东方项目在原有的拾房村、鸿桥村、住基村的基础上进行保护型建设，以生态农业、旅游、产业集群、生活方式为园区的发展模式，强调新型产业的综合价值，包括农业生产交易、乡村旅游休闲度假、田园娱乐体验、田园生态享乐居住等复合功能。项目规划总面积约6246亩，于2013年4月初启动建设。

田园东方以"美丽乡村"的大环境为背景，以"田园生活"为目标，将田园东方与阳山镇的发展融为一体，贯穿生态与环境的理念。田园东方项目包含现代农业、休闲文旅、田园社区三大板块，主要规划有以乡村旅游项目集群、田园主题乐园、健康养生建筑群、农业产业项目集群、田园社区项目集群等为典型的互融开发模式。

（一）现代农业板块

现代农业板块的模式为"四园+四区+一中心"、"四园"为水蜜桃生产示范园、果品设施栽培示范园、有机农场示范园、蔬果水产种养示范园。"四区"为休闲农业观光示范区、果品加工物流园区、苗木育苗区、现代农业展示区。"一中心"为综合管理服务中心。

从建设运营上看，现代农业板块以深化既有农业资源和开拓农业发展新方向为发展目标，原基地内成块和质量较好的桃林、菜地被保留，成为观光农业示范区和整体景观的部分节点。基地内的田地一部分由原来村民经营，一部分由雇工和专业人员经营。基地范围内的桃林作为开展桃花节和蜜桃节的基地，供游客观赏和采摘。基地范围内的菜地供园内餐厅使用或游客参观采摘或自己现场制作菜品；水蜜桃从原来的村民到集市上卖发展到现在村民直接从产地邮寄到全国各地，或当场采摘卖给游客，还发展了水蜜桃的衍生品——水蜜桃汁、蜜桃果酒、桃胶、桃木文旅作品等。这些措施，提升了传统农业的附加值。

（二）田园社区板块

田园东方居住板块的产品以"新田园主义空间"理论为指导，将土地、农耕、有机、生态、健康、阳光、收获与都市人的生活体验交融在一起，打造现代都市人梦里的桃花源。田园社区板块对原住民进行了集体搬迁，对基地内的老房子选择性保留重建，通过对乡村遗址文化的包装，形成了一个集乡村景观与现代设施为一体的民俗居住地。

（三）休闲文旅板块

田园东方以创新发展为思路，目前已引入清境拾房文化市集、华德福教育基地等合作资源。其中，清境拾房文化市集是田园东方携手清境集团共同缔造的一座田园创意文化园，重新梳理了阳山的自然生态和拾房村的历史记忆，还原出一个重温乡野、回归童年的田园人居。清境拾房文化市集分为自然体验区、生活体验区和文化展示区，包含拾房书院、井咖啡、绿乐园、面包坊、主题民宿、主题餐厅等。

文旅板块把现代艺术和田园景观相互融合，建造了功能齐全、宜居宜业的田园小镇。同时，小镇通过改造和再开发，将生活空间变得更加有序和精致。农田通过梳理和休闲空间的植入，其生产空间变得更加富有景观性、创意性和休闲生活气息。核心区种下大片秋葵和紫苏。步道边的点缀植物也创意地加入蔬菜元素——西芹。主题餐厅设计了以"分享"为主题的食材花园，具备观赏和食用两个功能。

田园东方以分区域的思路来开发，前期通过小尺度配套物业确保持久运营；引入文旅板块合作资源提升土地价值，形成旅游消费和住房销售同步进行的"旅游+地产"综合盈利模式。后期进行配套完善，做到良性循环可持续发展。整个项目采取开放式的运营模式。

二、山东省临沂市朱家林田园综合体

朱家林田园综合体位于山东省临沂市沂南县岸堤镇，距沂南县城约 32 千米，西与蒙阴县接壤，总规划面积 28.7 平方千米，核心区约 3.33 平方千米，辖 10 个行政村，23 个村民大组，总人口约 16000 人。朱家林田园综合体于 2017 年动工建设，是沂南县实施乡村振兴战略的重要平台和抓手。

根据沂南县文化旅游发展中心资料，朱家林田园综合体以"创新、三美、共享"为发展理念和总体定位，遵循"保护生态、培植产业、因势利导、共建共享"的原则，以农民专业合作社、农业创客为主体，以创意农业、休闲农业、文创产业为核心，规划布局为"一核（两辅）、两带、五区"。"一核"是朱家林创意小镇（"两辅"是石旺庄省委党校岸堤校区、柿子岭乡伴理想村）；"两带"是小米杂粮产业带、高效经济林果带；"五区"是创意农业区、田园社区、电商物流区、滨水度假区、山地运动区。

根据《朱家林田园综合体产业发展规划（2018—2025 年）》，朱家林田园综合体重点建设六大板块，即田园生产板块、田园制造板块、文化创意板块、休闲旅游板块、田园教育板块、田园康养板块。经过几年建设，打造出田园综合体齐鲁样板、齐鲁乡村振兴的朱家林方案、山东省新旧动能转换示范区、沂蒙三产融合发展先导区，最终将朱家林田园综合体描绘成宜业、宜居、宜游的北方山地丘陵地区"富春山居图"。

朱家林田园综合体覆盖 5 个省定贫困村，建档立卡贫困户 2043 户，共计 3813 人，低保户 611 户，共计 925 人。当时朱家林共 140 户人家，一半房屋已无人居住，年轻人多在外发展，村内只剩下七八十岁的留守老人。

启动建设以来，朱家林田园综合体流转土地 11000 亩，贫困户 762 户中的 1217 人受益，976 名贫困户参与合作社分红，485 名贫困户参与园区务工，42 名贫困户到园区经营。2018 年底，5 个贫困村全部退出，贫困户全部脱贫。

三、浙江省绍兴市"花香漓渚"田园综合体

"花香漓渚"田园综合体位于绍兴柯桥区漓渚镇。"花香漓渚"田园综合体核心区为漓渚镇棠棣村、棠一村、棠二村、六峰村、红星村和九板桥村 6 个行政村，总面积约 16.7 平方千米。"花香漓渚"以高端花木农业为主导产业，融合特色村落、传统文化，打造集循环农业、创意农业、农事体验于一体的田园综合体。

漓渚镇是越兰祖地，中国花木之乡，花木特色经济发达，花木产业是当地一大拳头产业。改革开放以后，棠棣村就办起了当地第一个花圃，棠棣人凭着"一根扁担闯天下"的勇气走出小山村。漓渚花市自 20 世纪 90 年代以来已成为地方性专业花卉市场。为进一步发挥花木产业和生态环境优势，2011 年以来，棠棣村着力打造美丽乡村精品村建设。

截至 2017 年，漓渚镇以"花香漓渚"田园综合体试点建设为乡村振兴战略的有效抓手，按照"政府引导、市场主体、农民受益"的总体要求，围绕"产业振兴"主线，以"产业兴旺、生态宜居、乡风文明、治理有效、生活富裕"为目标，按照"顶层设计、合力推进；搭建平台、做强农业；全域提升、美丽乡村；村镇联动、城乡一体；党建引领、推进落实；集成创新、富裕农民"的工作思路，建设"千亩花市、千亩花苑、千亩花田"三个"千亩"，着力打好"美丽经济、田园生态、乡愁人文"三张牌，擦亮"花木集群看漓渚、国兰文化看漓渚、全域美丽看漓渚"三张

金名片。2017年8月，"花香漓渚"田园综合体被确定为全国首批15个田园综合体试点单位之一。2017年9月，"花香漓渚"田园综合体开始动工。

千亩花市方面，千亩花市以九板桥村为核心，辐射带动红星村、棠一村形成集展示展销、观光博览、电子商务、科普教育、文化体验于一体的宜业宜游综合性花市。2018年4月，一期占地60亩的漓渚花市启动建设，包括工程苗木区、花卉绿植区、盆景艺术区、花木博览区、物流园区等。2018年9月，联棚基地建成，花市一期投入试运营，月平均销售额达120万元。同时，占地100亩的千亩花市二期投入施工。2019年7月，花市二期投入试运营，吸引新注册园林花木类公司及个体工商户109家，注册资本合计2.2亿元。

千亩花苑方面，千亩花苑以棠二村为核心区，建设集兰花培育、花卉展销、休闲观光、科普教育于一体的花卉种植产业基地。目前，千亩花苑已完成土地流转600余亩，面向华东六省一市召开千亩花苑招商推介会，吸引杭州、上海、宁波等地300多户种兰大户入驻，吸引社会投资约5亿元。

千亩花田方面，千亩花田在棠棣村、六峰村根据不同季节种植彩色水稻等有观赏价值的粮食作物和向日葵等有经济收益的经济作物。同时，千亩花田在棠棣村、六峰村种植鲜花，营造土地常绿、四季花开的美丽田园，打造出一个赏花赏景、摄影交友、休闲游玩的新场所。2018年以来，千亩花田已开辟花海619亩，通过土地整理、花田轮番种植，将过去普通的种植场所打造成了四季常青的花文化农业旅游胜地，并引入"棠棣驿站"等配套设施，建设乡村振兴实训基地，成为集休闲、观光、体验为一体的现代化新兴农业园区。

目前，"花香漓渚"田园综合体以高端花木农业为主导产业，集循环农业、创意农业、农事体验于一体，带动当地95%以上的劳动力直接或间接从事花木的生产和经营，当地涌现出数百个"星级园艺师"，人均收入超过5万元，实现了村民创收及乡村振兴。

四、浙江省嘉兴市嘉善县

嘉善县，是浙江省嘉兴市下辖县，位于嘉兴市东北部，是江浙沪两省一市交会处，东邻上海市青浦、金山两区，南连平湖市、嘉兴市南湖区，西接嘉兴市秀洲区，北靠江苏省苏州市吴江区和上海市青浦区。嘉善县地处长三角城市群核心区域，是浙江省接轨上海的第一站。

嘉善县处于北亚热带南缘的东南亚季风区，气候温和，四季分明，阳光充足。1月最冷，月平均气温3.6℃；7月最热，月平均气温28.1℃。嘉善县年平均气温为15.6℃，年平均相对湿度为68%，年均日照1978.3小时，无霜期236天，农业发展条件优越。

2000年以来，嘉善县为推动农业提质增效，积极调整农业产业结构，大力推进特色专业镇建设。依托得天独厚的区位和农业产业优势，逐步发展起了瓜果、蔬菜、水产、花卉等特色农业产业，在此基础上又将目光投向了休闲观光农业。

嘉善县充分运用工商资本、生产基地、农业设施、农耕文化和地理位置等优势，积极开发休闲观光农业。近年来，嘉善县逐步发展形成了以碧云花园为代表的农业园区型，以浙北桃花岛为代表的基地拓展型，以汾湖休闲观光农业带为代表的资源景观型，以祥盛休闲农业园、龙洲休闲渔业园为代表的特色产品型，以西塘荷池村、陶庄渔民公园为代表的"农家乐"型等多种休闲观光农业和乡村旅游业。2011年3月，嘉善县被授予"全国休闲农业与乡村旅游示范县"称号。

五、四川省成都市五朵金花休闲观光农业区

五朵金花，指的是成都市锦江区三圣乡的五个乡村。五朵金花包括花乡农居（红砂村）、幸福梅林（幸福村）、江家菜地（江家堰村）、东篱菊园（驸马村）、荷塘月色（万福村），是以乡村旅游和观光休闲农业为主题，集观光旅游、休闲度假、餐饮娱乐、商务会议等于一体的城市近郊生态休闲度假胜地。

由于三圣乡自清代乾隆年间以来就是有名的花乡，而上述五个区域均以花为主题，形成了设施配套比较完善的乡村旅游区域，2004 年，当时的策划者蒋晓东建议将其定名为"五朵金花"，从此"五朵金花"即成为该区域代名词。

花乡农居：依托 3000 余亩的花卉种植规模，以观光、赏花为主题，重点对花卉的科研、生产、包装、旅游等方面进行全方位深度开发，发展复合型观光休闲农业产业。幸福梅林：幸福村遍种梅花，有"梅花知识长廊"、"吟梅诗廊"、"梅花博物馆"、"精品梅园"等景观。幸福梅林重点发展梅花种植产业及观光体验产业。江家菜地：以江家绿色蔬菜为品牌，发展蔬菜、水果种植业，开展生态体验旅游和度假旅游。都市人可以在此耕作播种，体验农家田园生活。东篱菊园：主要发展菊花产业。东篱菊园四季都有菊花，是品味菊文化、乡村旅游的度假胜地。东篱菊园重点发展菊花观光、养生养老和乡村休闲度假。荷塘月色：依托数百亩荷塘形成的优美风景，发展乡村艺术体验旅游，吸引艺术家及艺术爱好者。

"五朵金花"的前身是城乡接合部的村庄，是"城中村"改造的难点村，也是成都市区的风口绿地。以往，红砂村、幸福村、江家堰村、驸马村、万福村的酸性膨胀土质导致"土地不多人人种，即使丰产不丰收"。

但这些村庄历来有栽种花木的传统，被国家林业局、中国花卉协会评为"中国花木之乡"。因此，2002年后政府开始发力，依托三圣花乡花卉种植传统优势，按照统筹城乡的理念和思路，在红砂村打造"花乡农居"，率先探索旅游、观光、休闲、娱乐等产业。之后，"五朵金花"观光休闲农业整合了成都市城郊区域之间的农村旅游资源，并将农业与观光、体验、旅游、节庆活动等有机结合，推动传统农业优化升级。2004年末，三圣乡有农民3840户、13040人，人均耕地面积约0.7亩，农民人均纯收入5311元。2005年，三圣乡共接待海内外游客747.34万人次，实现旅游收入1.92亿元。2006年，三圣乡被评为4A级景区。2005~2010年，"五朵金花"年均接待游客900万人次左右，年产值达1.8亿元，村集体收入达到3583万元。到2013年，居民实现人均纯收入近2万元，居民收入不断增长。

六、台湾南投县埔里乡桃米村

台湾南投县埔里乡桃米村位于台湾中部山区，海拔高度介于420~800米，面积只有18平方千米，地处偏远、未经开发。桃米村具有多姿多彩的森林、河川、湿地及自然农园，野生动植物资源丰富。1999年9月21日，台湾发生了一次里氏7.6级的大地震，震中在台湾南投县集集镇，离震中不远的桃米村被地震震得房屋大范围倒塌。

由于"9·21"地震重创了桃米村原有的地形地貌，在当地政府的全力支援下，"台湾新故乡文教基金会"NGO组织邀请专家及世世代代居住的村民共同参与家乡的重建，并将地方现有的自然资源加以规划，再赋予新功能加以利用。在当地既有的农业基础上，结合原生态的湿地、树林、河川，造就了野生动植物丰富的生态条件，再结合当地的传统工艺，发掘人文景观。

桃米村拥有 29 种台湾原生青蛙品种。台湾共有 143 种蜻蜓，在桃米村就发现了 56 种，于是桃米村不断宣传当地种类丰富的青蛙和蜻蜓，用纸、布、石头等制作手工艺品，还把地震造成的洼地改成人工湖，湖边设有弹簧，托起一只小船，人在船上可以体验模拟地震的情景，村民将小船命名为"摇晃的记忆"。

地震后复建的桃米村，不仅凝聚了桃米居民的共同意识，激发出居民共同的情感，共同维护桃米村的生态环境，共同参与村庄建设，打造出具有生态教学意义并带动当地经济发展的生态村。每到周末和节假日，桃米村日接待游客近 1500 人次，每年门票收入有 200 多万元人民币。

桃米村成功的原因，很重要的一条就是"情景消费"，创造出奇观、风景和主题。注重定位、强调特色，在"体验经济"理念之外，还出现了"分享经济"理念，即休闲农业经营者与游客分享乡村生活。

第四节　景中村的乡村振兴案例

一、浙江省杭州市梅家坞村

梅家坞村，地处浙江省杭州市西湖风景名胜区西部腹地，梅灵隧道以南，沿梅灵路两侧纵深长达十余里，有"十里梅坞"之称。梅家坞村是典型的城市型景中村，具有"村"（农村居民点）和"景"（旅游点）双重属性。

梅家坞整个村落青山环绕、茶山叠嶂、白墙黛瓦、小桥流水、绿茶飘香。同时，梅家坞是一个有着600多年历史的古村，在20世纪五六十年代，梅家坞就已是对外宾开放的定点观光区，几十年来共接待过上百位国家元首和国际名人。周恩来总理曾先后5次来到梅家坞村视察、指导农村工作，将梅家坞村作为指导全国农村工作的联系点。因此，梅家坞村的历史文化资源也十分丰富。

2000年以前，梅家坞村是一个以种茶和卖茶为主要生产方式的传统乡村，对外联系以政府接待为主。资料显示，新中国成立前梅家坞村有茶园500多亩，到1965年茶园开垦至957亩，到20世纪末已增长至1000亩以上，茶叶生产占到总收入的92%以上。

2000年，梅灵隧道贯通，梅家坞村与外界联系日益紧密，传统封闭式农业结构受到冲击，加之旅游业的迅速发展，村民顺应市场规律自发开展"农家乐"，大批游客开始涌入，梅家坞村开始发展旅游市场，如组织采茶活动、开展茶叶观光旅游等，并定期举办采茶大会等较具影响力的大型活动。

2002年，由西湖区原西湖乡、南山街道撤并而成的西湖街道正式挂牌成立，梅家坞村并入西湖街道，成为西湖风景区管委会管辖的乡村景点之一。同年，杭州市政府开展"西湖综合保护工程"并将梅家坞纳入其中，以改善梅家坞业态单一、资源浪费、开发无序等现象，计划将其打造成茶乡农家休闲村和茶文化休闲旅游区。2002~2004年，杭州市政府对梅家坞进行了一期、二期工程整治，整修村内历史文化景点，如周恩来纪念室、礼耕堂等。2008年，政府在梅家坞整治一期、二期工程的基础上，继续开展"梅坞春早"综合整治工程，同时引导村民有序经营休闲茶楼、合理开发休闲旅游与观光农业、开展茶艺展示、采茶节等活动，突出梅家坞的休闲茶文化特性。随着整治工程的推进，政府角色开始转变，由主导转向管控，从政策规章的制定、对民间组织的管理等方面进行了宏观调控（见表 10-1）。

表 10-1　2000~2019 年梅花坞村大事记

时间	事件
2000 年 4 月	总长 10 多千米的梅灵路竣工通车
2001 年 4 月	中央电视台《东方时空》栏目组在《直播中国》节目中对采摘炒制龙井茶进行现场直播和专题报道
2001 年 11 月	第五届亚洲有机农业科学大会的 200 多名代表参观考察了梅家坞龙井生态茶园
2002 年 1 月	由浙江省城乡规划设计院设计的梅家坞茶文化休闲旅游项目规划方案初步定标
2002 年 4 月	由西湖区原西湖乡、南山街道撤并的西湖街道正式挂牌成立
2002 年 9 月	杭州市委、杭州市政府发出《关于调整杭州西湖风景名胜区、西湖区和杭州之江国家旅游度假区管理体制的决定》，与杭州市园林文物局合署的西湖风景名胜区管委会正式挂牌成立
2002 年 11 月	梅家坞茶文化村建设办公室正式挂牌
	梅家坞茶文化休闲旅游等三大西湖综合保护工程项目的规划方案开始在柳浪公园进行五天公展
2003 年 3 月	梅家坞第一批 74 户 206 处违法建筑开始依法拆违
2003 年 4 月	西湖龙井茶一级保护区的八个村十二名采茶能手在梅家坞参加西湖龙井茶"采茶王"赛
2003 年 6 月	十里琅珰古道重现风采，礼耕堂重修落成，周总理纪念室主体修缮完毕，小牙坞农居点开工
2003 年 7 月	杭州市领导考察梅家坞茶文化村等"三大工程"历史文化景观设计工作
2003 年 9 月	梅家坞沿街 135 户农居茶楼换上了个性化门牌；茶文化群雕安装完工；入口处梅家坞牌坊落成
2003 年 10 月	杭州市举行新西湖开放仪式，梅家坞茶文化村等"三大景区"正式竣工
2004 年 5 月	梅家坞茶文化村二期建设拆违工作全方位展开
2006 年 1 月	梅家坞茶文化村特色农家菜烹饪总决赛在梅家坞举行
2008 年 9 月	梅家坞发掘整理了一百余条非物质文化遗产线索，对"乾隆私房朱家里"等进行深入挖掘；实施了"梅坞春早"景区环境整治工程；成立了农家茶楼协会
2009 年 4 月	杭州市消费促进年四月主题活动启动仪式在梅家坞村举行，主题是"品龙井新茶，尝农家新菜"
2009 年 9 月	梅家坞村被授予"杭州市民最喜爱的乡村旅游点"称号

续表

时间	事件
2010 年 2 月	梅家坞村被列为长三角世博主题体验之旅示范点
2012 年 3 月	杭州市首届西湖农家茶楼节开幕式在梅家坞村举行
2012 年 4 月	梅家坞村被评为最受欢迎的长三角城市群茶香文化体验之旅示范点
2013 年 12 月	梅家坞村被评为杭州市文化示范村
2015 年 1 月	由西湖风景区农家茶楼协会主办的"品味特色民俗 共忆悠久文化"为主题的民俗年糕节在梅家坞拉开序幕
2015 年 4 月	西湖街道联合都市快报和卢正浩茶庄组织 10 户亲子家庭,在梅家坞体验踏青、采茶、炒茶、品茶,感受传统西湖龙井茶文化魅力
2015 年 11 月	梅家坞周总理纪念室修缮工程开工并启动梅家坞周总理廉政文化教育专线建设
2016 年 6 月	梅家坞周总理廉政文化教育专线启动仪式在周总理纪念室举行
2016 年 12 月	西湖街道成立景中村改造五年攻坚行动领导小组
2018 年 1 月	杭州市就业管理服务局考核组实地检查了梅家坞村人力社保室窗口建设情况
2018 年 3 月	杭州西湖风景名胜区管委会、景中村改造指挥部联合村委梅家坞全面推进截污纳管工程
2019 年 3 月	"十里琅珰"游步道标识系统的三套提升方案在位于白塔公园的铁路——知青博物馆进行公展
2019 年 9 月	杭州市西湖风景名胜区钱江管理处对梅坞溪游步道建设工程施工全面开展进行检查

经过不断整治和创建,当前,梅家坞茶文化村以周总理纪念室、乾隆遗迹、古树观赏点、茶园观赏区、农居群、十里银铛、古井、古桥、垂钓区、茶艺表演区、小牙坞等十余处景点构建了一个山水情和人世情完美结合的茶文化休闲旅游区,重现了"十里梅坞蕴茶香"的自然秀丽风貌。梅家坞村已打造了 11 家民宿、近百家茶楼农家乐,茶叶经营户达 200 多家,占据全村的近半数,并形成了沿梅灵大道的商业步行街。作为杭州中国茶都的重要载体和西湖风景区的重要组成部分,梅家坞茶文化村已成为杭州对外的一块"金字招牌"。

梅家坞基于自身的自然环境、农业资源及历史文化优势,以龙井茶资源为关键，吸引了附近及周边景区的众多旅游者。村民在个人利益驱动下纷纷开办"农家乐"，但旅游要素的发展在一定程度上造成乡村空间与旅游空间的混杂。随后政府通过政策制度的引导，对村庄进行全面整治与统一规划。在此基础上，随着村民的自主管理，茶楼、民宿行业协会的协同规约，村民传承茶乡文化的热情，发展乡村休闲旅游和茶叶经济的利益导向，梅家坞村逐渐实现良好发展。在此过程中，梅家坞从单一的茶农业逐步形成以茶农业、茶叶加工业、旅游服务业为一体的一二三产融合业态。在融合发展中又延伸出休闲农业、休闲游憩业态、娱乐业态等新兴业态。从乡村从业者就业空间逐步过渡到乡村从业者就业空间、乡村旅游者休闲空间和乡村居民生活空间的空间综合体，实现了空间要素、结构和功能的再生产，最终推动梅家坞发展振兴。

二、江苏省苏州市陆巷村

陆巷村，隶属江苏省苏州市东山镇，处于太湖风景名胜区的边缘，距离东山镇中心12千米，背山面湖，东边是莫厘峰，南边是碧螺峰，西边是太湖。陆巷村内寒谷山庄、北箭壶、观音堂等"72堂半"明清高堂巨宅鳞次栉比，至今保存完好的明清建筑有30余处，是吴县古建筑群中数量最多、保存较好、质量最高的一个村庄，是香山帮建筑的经典之作，也是环太湖古建筑文化的代表，被誉为"太湖第一古村落"。陆巷村中还有一条明代古街，建有"探花、会元、解元"三座明代牌楼。

从发展历程上看，南宋初期，中原大批护驾南迁的文臣武将途经太湖，因见此处山水之胜，风光秀丽，战火又不易涉及，遂定居太湖边洞庭山下。他们依岩架栋，辟地建屋，在村里建起了康庄巷、文宁巷、韩家巷、姜家巷、旗杆巷、固西巷六条古巷，陆巷村也由此得名。及至明清，陆巷村达到鼎盛时期，名人辈出，明正德初大学士王鏊的故里就是此村。同时，整个村落发展逐渐地向太湖方向延伸，突破以往凹居在山坞的态势，村落整体格局基本成形，且在其后数百年里变化不大。从民国初年起，传统的商帮文化因受新式工商业的冲击而逐渐走向没落，洞庭商帮开始衰落，王氏家族也日渐式微，其祖宅几经转手，流落他人之手。至此，整个古村的建设发展处于停滞状态。直至20世纪五六十年代，随着环山公路以及桥梁的修建，村落开始沿太湖一线发展，并于2000年后进入稳定发展时期。2020年，村集体稳定收入已突破683万元，村人均收入突破4万元。

陆巷村在乡村振兴方面取得不错的成绩，其主要措施如下：

保留村内的明清建筑。陆巷村充分调动社会力量参与古村落保护，坚持"抢救第一、保护为主、合理利用、加强管理"的发展原则，探索古村落保护与发展之路。采取原址保留的模式，保护原有的明清建筑。采取修旧如旧的方法对历史建筑进行修缮，并对与风貌不相融的建筑采取立面改善和功能更新。

延续地方民俗文化。陆巷村是一个拥有丰富历史沉淀、乡风淳朴的村落，具有独具特色的民俗文化，并延续了民俗文化传统。每年春节期间，陆巷村都会举办东山猛将会、东山台阁等民俗庆祝活动，在挖掘春节这一传统佳节文化内涵的同时让那些被遗忘的本地民间文化得以重生。每年春季新茶上市时，陆巷村会联合周边村庄共同举办包括采茶、炒茶、品茶在内的洞庭山碧螺春手工炒制技艺传承活动，向村民和游客展示碧螺春炒制工艺所蕴含的文化内涵。

融合发展一二三产业。在传统产业的基础上，陆巷村积极拓展文化产业的发展，通过产业融合带动村庄经济振兴和文化振兴。陆巷村依托于村庄是《橘子红了》等多部影视剧的拍摄地点，在村庄内建设和规划与传统村落风貌相融的影视文化主题街，融合现代影音文化、创意文化，提升文化特质。同时，陆巷村利用丰富的历史文化遗存，兼顾旅游和发展，提升村庄活力，改善人居环境，健全公共设施，讲好"陆巷故事"。陆巷村还积极鼓励村民发展旅游服务业，借太湖景区之利，村委会加强与村民的沟通与交流，鼓励村民为游客提供居住、饮食等旅游服务，向游客出售太湖水产、四季明国、东山碧螺春等特产，促进古村游玩、休闲度假的旅游产业发展。目前，陆巷村已发展成为江南地区最负盛名的休闲旅游目的地之一。

综合来看，景中村发展的过程中积极保护村落的传统风貌，挖掘村落的乡土民俗文化，延续村落的民俗文化传统，在保护的基础上开发，借风景名胜区之利，让村民提供符合旅游者需求的产品与服务，包括风景名胜区的各类特产和餐饮居住服务，在推动风景名胜区发展的同时带动村民致富，提高村民的生活品质。

三、北京市平谷区玻璃台村

玻璃台村位于北京市平谷区罗营镇深山里，处于金海湖—大峡谷—大溶洞风景名胜区内，坐落在平谷最高峰东指壶山脚下，是平谷区海拔最高的村庄。玻璃台村也是镇罗营石河的发源地，村子四周群山环绕，依山傍水，林木茂盛，沟谷幽深，环境优美。玻璃台村特有的地理环境，造就了域内独特的气候，冬暖夏凉，日照充足，空气清新，负氧离子7级，有"天然氧舱"之美誉。

玻璃台村建于清朝光绪年间，因村庄盛产玻璃树而得名。2004年，该村作为北京市"旧村改造"13个试点村之一，采取由政府提供贷款担保等方式，对全村 68 户村民中的 67 户房屋进行整建制拆迁，统一规划，集中施工，按照村民要求和民宿旅游接待标准，分别修建了建筑面积为 150 平方米、200 平方米的二层住宅楼。

2005 年，玻璃台村完成了整体拆迁重建和所有街道硬化、绿化、美化、亮化工程，兴建了亲水中心湖、娱乐休闲广场、篮球广场、乒乓球广场和老年活动站。新村建设将山村历史文化传统、现代化建筑风格和秀丽的山区风景融为一体。到玻璃台新村住农家新居，品"四盆八盘玻璃宴"，成为城里人的一种休闲时尚。2008 年，玻璃台村被评为"北京最美的乡村"，2019 年被评为国家森林乡村，2020 年入选第二批全国乡村旅游重点村名单。

乡土元素在建筑整治中的表达。玻璃台村在原有村庄布局的基础上，利用地形丰富了村落的空间结构，住宅改造设计吸取了本地民居的乡土元素，建筑立面上采用具有乡土气息的当地原产材料，风貌上与地域环境相协调，满足了民居的住宿和旅游接待的要求。

乡村旅游与风景名胜区旅游的有机融合。金海湖—大峡谷—大溶洞风景名胜区的旅游发展为玻璃台村带来了游客资源，而玻璃台村通过整治更新的田园风貌和民俗景观也成为风景名胜区的特色资源，带动了更多的游客和学者前来游览参观，促进了风景名胜区的发展，这是风景名胜区旅游与乡村旅游的有机融合。

综合来看，景中村在发展过程中要注意与风景区的统筹考虑。风景名胜区可以为景中村带来丰富的客源，而景中村通过整治更新也可以成为风景名胜区的特色资源。

四、浙江省杭州市法云古村

法云古村位于杭州西湖风景名胜区的灵隐景区，以北是北高峰、灵隐寺，以南是西湖，是连接西湖与西溪之间的重要过渡区域。法云古村占地面积共计 14 公顷，始建于唐朝，曾为附近茶园村民的住所，是杭州最早的村民聚居区。法云古村依山而建，至今保留着具有较高历史和艺术价值的杭州传统山地民居群落。

2004 年，杭州市发展计划委员会同意杭州西湖风景名胜区实施"道济古村"（即法云古村）项目。2006 年，法云古村作为灵隐景区综合整治工程的重点项目开始动工建设，经过 1 年多整治完工。通过此次工程，法云古村内的建筑面积从原有的 45000 平方米减少到了 12500 平方米，保留了 50 幢单体建筑，包括一个管理用房、一个纪念馆、一个游客服务中心和两个公共厕所等旅游基础设施。

注重村落历史文化资源的保护。法云古村内有具有历史文化价值的传统民居并未拆除，而是保留了它们原有的泥墙水系、古树名木等建筑风格，新建建筑与原有传统建筑在风貌上保持一致，用泥土、碎瓦片等乡土材料筑起了新的土墙，保留了历史厚重感与独特的乡愁。

以村落保护带动旅游产业发展。作为景中村，法云古村重点保护自然人文资源，依托自然风光和隐逸文化发展旅游业，知名的法云安缦度假酒店就位于此。高低错落的传统民居，山水交融的自然风光不仅解决了法云古村与灵隐景区的景观风貌协调问题，也吸引了大量游客，带动了当地的经济社会发展。

五、浙江省嘉兴市乌村

乌村位于浙江省嘉兴市桐乡市乌镇国家 5A 级景区内，距乌镇西栅 500 米，紧靠京杭大运河，总面积 450 亩，原有 60 多户人家，300 多名村民。乌村土地平旷、屋舍俨然、良田美池、水网交织，是典型的江南水乡。同时，乌村内保存有很多明清时期的民居建筑，有明显的江南民居建筑风格，承载着吴越文化的历史传承。乌村"农耕文化"独特而鲜明，村内至今还完好地保存着引水灌溉、耕种田野、种桑养蚕、碾米磨粉等乡庄现象，乡村生活印记显著。乌镇被誉为"中国第一古镇"，其旅游品牌知名度为乌村的乡村旅游发展提供了得天独厚的契机。

2014年4月，由乌镇旅游股份有限公司投资开发的乌村景区开启筹建。乌村景区对乌镇虹桥村整治改建、重新规划建设，保留搬迁农房和原有村落地貌。以江南原有的农村风情为主题元素保留原有老房屋建筑面积1600平方米，新增房屋建筑面积1800平方米，农业占地23000平方米。围绕江南农村村落特点，内设酒店、餐饮、娱乐、休闲活动等一系列配套服务设施。乌村景区是一个用"休闲度假村落"的方法打造出的高端乡村旅游度假区。

景区内连桥成路，流水行船，街桥相连，依河筑屋，江南古镇的历史气息浓重而悠长。乌村景区着重营造悠然自得的田园风光，传统农业展示了良田、美食、桑竹之风貌；特色民宿融于乡野，主题鲜明、各具特色；民俗活动体验类型丰富。同时，乌村景区依托乌镇这个度假胜地，承继了其提供高品质产品和高水准服务的理念，在原有的乡村肌理结构基础上进行了创新和再造，为周边城市的游客打造了独具特色的乡村旅居体验。乌村、乌镇在古镇、古街、古村形成了契合、配套以及优势互补，打造了集生态饮食、田园乡村情趣、互动体验于一体的多元化服务①。2019年，乌镇累计接待游客918.26万人次，同比增长0.35%，旅游业得以持续良好发展，乌村功不可没。

---

① 崔雨心，杨欣，李琰君. 浙江乌村乡村旅游规划探析［J］. 大众文艺，2018（1）：231-232.

第五节　其他类型的"体验+"乡村振兴案例

一、浙江省杭州市梦想小镇

梦想小镇位于浙江省杭州市余杭区仓前街道，占地面积约 3 平方千米，核心区块东至杭州师范大学，西至东西大道，南至余杭塘河，北至宣杭铁路。梦想小镇于 2014 年 9 月正式启动建设。2018 年 5 月 24 日，梦想小镇入选最美特色小镇 50 强。

梦想小镇的定位规划是"一环两区三星"，既尊重传统文化的传承，又融合了互联网的时代背景，自由、多元化的创意空间与传统风格的建筑之间形成灵感的全新碰撞，体现出互联网的创造性，赋予了小镇独特的特征。"一环"指的是一条田野环，整个小镇被一个基本呈环形的稻田地带围绕，和既有的天然池塘、水面一起成为一条真正的田园生态带。"两区"是指绿色办公区与绿色生活区，绿色办公区中，办公楼采用塔楼结构，将建筑物底部架空进行绿化，减少"热岛效应"等城市环境问题。"三星"是指寻梦水乡、思梦花园和筑梦工厂。寻梦水乡规划建设一条东西走向的水系，以此来联系其他较为分散的水系，形成完整的水系统；思梦花园规划建设湿地景观，净化水体和 4D 水秀剧场；筑梦工厂将原本生产水泥的装置改造建设成为空气净化器和有机土壤生产器，为小镇提供健康的土壤和洁净的空气，同时建立农场游乐园。

梦想小镇采取有核心、无边界的空间布局，突破传统空间限制。以仓前老街为主要载体，结合周边互联网创业蓬勃发展的趋势，通过空间、生态、功能、交通的织补，整合新兴产业和传统城市之间的关系；以发展创新创意产业为核心，吸引入驻企业 3000 多家，建设成为互联网与基金小镇；以新理念、新机制、新载体推进产业集聚、产业创新和产业升级。

二、江苏省昆山市计家墩村

计家墩村位于江苏省昆山市，是一个典型的江南小村落。它坐落在淀山湖与锦溪古镇之间，是 20 世纪 80 年代盖起来的村子。计家墩村四周都是稻田，有两三条水道穿村而过。计家墩行政村国土面积 1.7 平方千米，西至陈墓荡，南与青浦商塌河相望，全村由两个自然村合并构成。

计家墩村大力发展"乡村+民宿""乡村+文创"。计家墩村注意品牌的塑造，目前已建立了多个品牌民宿，如原舍、大乐之野、溪地清舍、不如闲居、待不住、无象、归原等，通过引入微民宿、招募新村民、共建新社区的模式，极大地促进了乡村民宿经济的发展。此外，计家墩村还建立了木工坊、陶庐、船艇工作室、自然农场等生活场景，丰富了游客的生活体验。

计家墩村打造"1+X"模式，"1"包括田园民宿、文化商业、主题飨食、休闲体验和有机农业。"X"是以教育培训为主体的业态核心力，如创客学院、儿童自然教育、会展经济、艺术展演等。计家墩村以民宿经济为引擎，整合文化商业、主题餐饮休闲体验、有机农业等多元文旅休闲业态，实现产业融合发展。

计家墩村采取"政府+专业团队"的发展模式，由政府主导搭建开发平台、村民支持、非政府组织和企业成为建设运营的主力，充分发挥与调动了多方的积极性，不仅使村民广泛受益，更是实现了乡村的产业振兴、文化振兴。

计家墩村以民宿为核心引爆点，在民宿蓬勃发展的同时，留足空间做深度体验配套，增强了客户黏性，促进了计家墩村的良性运转。

参考文献

［1］ Deterding S. , Dixon D. , Khaled R. , Nacke L. Gamification：Toward a Definition ［R］. Vancouver：CHI 2011 Gamification Workshop Proceedings，2011.

［2］ PaulHawken，AmoryLovins，L. HunterLovins. 自然资本论：关于下一次工业革命［M］. 王乃粒，等译. 上海：上海科学普及出版社，2002.

［3］ 包静，郑洁，王宏星，兰婷伊. 以游戏化方式优化传统景区旅游体验——以杭州吴山景区为例［J］. 旅游纵览（下半月），2018（18）：48-50+53.

［4］ 伯恩德·H. 施密特. 体验式营销［M］. 北京：中国三峡出版社，2001.

［5］ 陈伟珍. 体验经济视角下的茶文化旅游开发模式研究［D］. 兰州：西北师范大学硕士学位论文，2014.

［6］ 陈兴. "体验经济"对我国旅游研究的影响评述［J］. 旅游经济研究，2007，18（6）：811-815.

［7］ 方世敏，贺亚兰. 长沙市郊体验式乡村旅游开发研究——基于《爸爸去哪儿1》的启示［J］. 湘南学院学报，2015，36（3）：19-24.

［8］ 冯琳，王少慧，李潇涵. 产业生态化研究进展：内涵、评估与研究对策［J］. 经济研究导刊，2021（6）：20-22.

［9］ 耿松涛，薛建，胡靖洲. 以旅游目的地管理组织为载体的文化创意旅游发展机制研究［J］. 山西大同大学学报（社会科学版），2020（3）：103-109.

［10］郭馨梅．体验经济刍议［J］．北京工商大学学报（社会科学版），2003（4）：1-4.

［11］贺雪峰，董磊明．中国乡村治理：结构与类型［J］．经济社会体制比较，2005（3）：42-50+15.

［12］侯雯娜，胡巍，尤劲，等．景中村的管理对策分析——以西湖风景区为例［J］．安徽农业科学，2007，35（5）：1348-1350.

［13］胡春华．加快农业农村现代化［J］．中国农业文摘——农业工程，2021，33（1）：3-5+56.

［14］胡慧莲．乡村旅游产品中的体验成分［J］．邢台职业技术学院学报，2010，27（2）：86-88.

［15］黄璜．乡村振兴背景下传统村落文化的传承与发展［J］．文化学刊，2019（6）：60-63.

［16］黄郁成，顾晓和，郭安禧．农村社区旅游开发模式的比较研究［J］．南昌大学学报（人文社会科学版），2004（6）：55-60.

［17］黄志斌，王晓华．产业生态化的经济学分析与对策探讨［J］．华东经济管理，2000（3）：7-8.

［18］简·麦戈尼格尔．游戏改变世界：游戏化如何让现实变得更美好［M］．杭州：浙江人民出版社，2013.

［19］李恩菊，袁丽，刘莹．体验经济背景下特色乡镇旅游的发展和建议［J］．商展经济，2021（19）：31-33.

［20］李嘉，何忠伟．体验经济下的休闲农业经营模式研究［J］．经济导刊，2011（12）：82-83.

［21］李萍，许春晓．旅游体验研究综述［J］．北京第二外国语学院学报（旅游版），2007（7）：1-8.

［22］李万莲，许云华，王良举．基于产业融合的休闲体验型旅游产品创新开发研究——以蚌埠禾泉农庄为例［J］．中南林业科技大学学报（社会科学版），2017（1）：73-78.

［23］李晓琴．旅游体验影响因素与动态模型的建立［J］．桂林旅游高等专科学报，2006（5）：609-611.

［24］李祖杰．新时代乡村振兴面临的问题及对策［J］．法制与社会，2018（13）：129-131.

［25］林凤芳．体验式乡村旅游产品开发研究——以福建尤溪县桂峰村为例［D］．福州：福建师范大学硕士学位论文，2016.

［26］罗迪，朱霞，何鹏．基于低冲击理论的景中村和谐发展规划策略——以武汉木兰山景中村为例［A］//持续发展　理性规划——2017中国城市规划年会论文集（18乡村规划）［C］．2017.

［27］马天．旅游体验质量与满意度：内涵关系与测量［J］．旅游学刊，2019，34（11）：29-40.

［28］孟乐．上海迪斯尼主题公园游客角色体验研究［D］．上海：上海交通大学硕士学位论文，2013.

［29］潘宇静．全面实施乡村振兴战略，加快农业农村现代化［N］．中国证券报，2020-11-06.

［30］彭少麟，陆宏芳．产业生态学的新思路［J］．生态学杂志，2004（4）：127-130.

［31］唐书转．基于产业融合视角的河南休闲农业旅游资源开发［J］．中国农业资源与区划，2016，37（3）：221-224.

［32］王磊，龚新蜀．城镇化、产业生态化与经济增长——基于西北五省面板数据的实证研究［J］．中国科技论坛，2014（3）：99-105.

［33］王磊，李黎．资源型产业生态化发展影响因素研究——以新疆为例［J］．经济管理，2016（2）：34-46.

［34］谢迎乐，刘少和．"特色产业+旅游"助推区域经济产业体验化升级路径模式研究——以我国观光—休闲—创意农业、观光工厂、休闲商业商圈为例［J］．江苏商论，2019（3）：58-62.

［35］许超．休闲农业园景观规划与体验模式研究［D］．杭州：浙江农林大学硕士学位论文，2014.

［36］杨博文，黄恒振．共生理论：组织演化研究的新基础［J］．电子科技大学学报（社会科学版），2010，12（2）：29-32+49.

［37］约翰·赫伊津哈．游戏的人：关于文化的游戏成分的研究［M］．北京：中国美术学院出版社，1996.

［38］曾晓文，刘金山．广东产业生态化的发展战略与路径［J］．广东财经大学学报，2016，31（5）：104-112.

［39］詹姆斯·H. 吉尔摩，B. 约瑟夫·派恩．体验经济［M］．毕崇毅译．北京：机械工业出版社，2002.

［40］赵承华．乡村旅游推动乡村振兴战略实施的机制与对策探析［J］．农业经济，2020（1）：52-54.

［41］中共中央，国务院．中共中央 国务院关于实施乡村振兴战略的意见［EB/OL］．http://www.gov.cn/zhengce/2018-02/04/content_5263807.htm.